*나도 멋진 패션 리더가 된다!

스타일리시 손뜨개

| 서경숙 지음 |

Stylish

knitting

예신 Books

F.o.r.e.w.o.r.d 머리말

망가진 비닐우산대를 서툴게 깎아 사포로 다듬어 양끝을 불에 그을려 대바늘을 만들고, 대바늘 끝에 홈을 파내어 코바늘을 만들어 쓰던 때가 초등학교 시절이었습니다. 누가 시켜서 했다면 서러웠을 일인데 손을 다쳐가면서도 마냥 즐겁기만 했습니다.

고모나 할머니께서 쓰시던 바늘은 왠지 함부로 만지면 안 될 것 같은 위엄마저 느껴져 어디서 구입해야 하는지를 몰라 스스로 만들어 썼던 짧은 기억들이 아련합니다.

중학교 때 이후로는 장갑이나 목도리 등은 한 번도 산 적이 없었지요. 실과 바늘만 있으면 해결이 되었으니까요. 모두 따분해 하던 수놓기나 손뜨개 방학숙제가 제겐 얼마나 신나는 일이었는지 모릅니다. 음악을 듣는 귀와 바늘을 쥔 손은 날이 새는 줄도 몰랐습니다.

그동안 취미로만 간직하며 예쁘게 완성된 뜨개옷이나 소품들을 친지들에게 선물하는 즐거움은 남달랐으며, 세상에 하나뿐인 옷을 입는다는 뿌듯함도 컸습니다.

내성적인 성격이라 누구에게 물어보지도 못한 채 혼자 익히고 배워 오늘에 이르렀습니다.

몇 년 전 우연한 기회에 손뜨개 강의를 시작한 이래 손뜨개에 중독된 사람처럼 오로지 손뜨개의 원리와 디자인을 연구하고 있습니다.

어떻게 하면 다양한 기법들을 상세히 가르칠 수 있을까를 생각하면서 그간 연구 과제물처럼 모아온 작품들을 처음 세상에 내놓는 지금, 여러모로 아쉬움도 남습니다.

그동안 익혀온 손뜨개 기법을 패션화 하는 것이 제 임무라 생각합니다.

엄마의 낡은 스웨터를 풀어 아이의 옷을 떠주던 어렵던 시절의 손뜨개가 아니라 세상에 단 하나밖에 없는 핸드 메이드로서의 희소가치와 고급 취미로 인정받을 수 있도록 노력하겠습니다.

오랫동안 손뜨개 책이 출간되기를 기다려주신 인터넷 〈세라니트〉 카페 회원님들과 수년 간 한결같이 어머니처럼 자매처럼 애정어린 마음으로 곁에서 응원해 주고 스승으로 인정해 준 수강생들께 진심으로 감사드리며, 마무리 교정 작업을 도와 준 백귀희(소나기)님께도 고마움을 전합니다.

끝으로 소원 중 하나였던 제 이름의 손뜨개 책 출판을 맡아 복잡하고 힘든 원고를 예쁜 책으로 탄생시켜 주신 **예신** 임직원 여러분께 감사드립니다.

서경숙 (seraknit@hanmail.net)

C.o.n.t.e.n.t.s 목차

Part ❶
가을·겨울 손뜨개

1. 래글런 풀오버 · 8
2. 브이넥 풀오버 · 12
3. 롱코트와 모자 · 18
4. 모티프 카디건 · 24
5. 벌키 스웨터와 모자 · 28
6. 언밸런스 투피스 · 32
7. 반코트와 목도리 · 40
8. 공주풍 스웨터 · 46
9. 딸기잼 터틀넥 풀오버(주니어용) · 52
10. 3일 완성 스웨터(주니어용) · 56
11. 요크 스웨터(주니어용) · 60
12. 래글런 풀오버(남성용) · 66
13. 지프업 스웨터(남성용) · 72

Part ❷
봄·여름 손뜨개

1. 크로세 레이시 니트 · 80
2. 간절기용 스웨터 · 86
3. 큐티 & 섹시 볼레로 · 90
4. 레이시 스웨터 · 96
5. 웨이브무늬 재킷 · 100
6. 섬머 롱코트 · 108
7. 그레이 투피스 · 114
8. 섹시 톱 · 118
9. 반소매 톱 · 124
10. 파도무늬 원피스 · 128
11. 보석 장식 원피스 · 132
12. 그린 투피스 · 136

Part ③
소품

1. 크리스마스 모자와 장갑 · 144
2. 플로라 핸드백 · 148
3. 트로피컬 핸드백 · 152

Part ④
부록

1. 대바늘뜨기 기호와 뜨는 법 · 158
2. 코바늘뜨기 기호와 뜨는 법 · 182
3. 손뜨개 기초 상식 · 193
4. 여성 표준 치수 재는 법 · 196
5. 기성복 사이즈 · 197

p.a.r.t 1

가을·겨울 손뜨개
knit for fall & winter

1_ 래글런 풀오버
2_ 브이넥 풀오버
3_ 롱코트와 모자
4_ 모티프 카디건
5_ 벌키 스웨터와 모자
6_ 언밸런스 투피스
7_ 반코트와 목도리
8_ 공주풍 스웨터
9_ 딸기잼 터틀넥 풀오버(주니어용)
10_ 3일 완성 스웨터(주니어용)
11_ 요크 스웨터(주니어용)
12_ 래글런 풀오버(남성용)
13_ 지프업 스웨터(남성용)

Raglan pull-over

래글런 풀오버

클래식한 다이아몬드와 꽈배기 무늬를 넣은 풀오버이다.
베이식한 디자인을 래글런 슬리브로 떠서 훨씬 편안해 보이도록 했다.
어깨가 넓은 사람은 더 넓어 보이므로 피하는 것이 좋다.

knitting 1

1. 래글런 선과 무늬를 딱 맞게 계산한다.
2. 앞 네크라인은 쉼코 주워뜨기로 솔기 없이
3. 소매는 다이아몬드 무늬로
4. 앞판 무늬뜨기

래글런 풀오버

| 완성 치수 |
가슴둘레 ······ 95cm
소매길이 ······ 68cm
옷길이 ········· 62cm

| 게이지 |
메리야스뜨기 10cm² ······ 18코×22.5단
무늬뜨기 10cm² ········ 20코×25단

| 재료와 도구 |
실 ············· 순모 나염 600g
바늘 ·········· 대바늘 4mm, 5mm

 뜨는 방법

1. 뒤판은 4mm 대바늘로 90코를 2코 고무뜨기 16단을 뜨고, 5mm 대바늘로 바꿔 4코를 줄여 86코를 메리야스뜨기 한다. 진동은 1코 세워줄임으로 하고, 목은 수평하게 코막음을 한다.
2. 앞판은 4mm 대바늘로 90코를 2코 고무뜨기 16단을 뜨고, 5mm 대바늘로 바꿔 가운데 36코만 무늬뜨기 하면서 진동은 1코 세워줄임으로 한다.
3. 소매는 4mm 대바늘로 46코를 2코 고무뜨기 16단을 뜨고, 5mm 대바늘로 바꿔 가운데 20코만 무늬뜨기를 한다.
4. 뒤판과 소매 뒤쪽, 앞판과 소매 앞쪽을 잇고 소매와 몸판의 솔기를 잇는다.
5. 목은 4mm 대바늘로 뒤에서 24코, 소매 양쪽에서 30코, 앞목에서 쉼코와 쉼코 사이사이에서 38코를 주워 2코 고무뜨기 18단을 뜬 다음, 2코 고무뜨기로 마무리한다.

무늬 뜨기

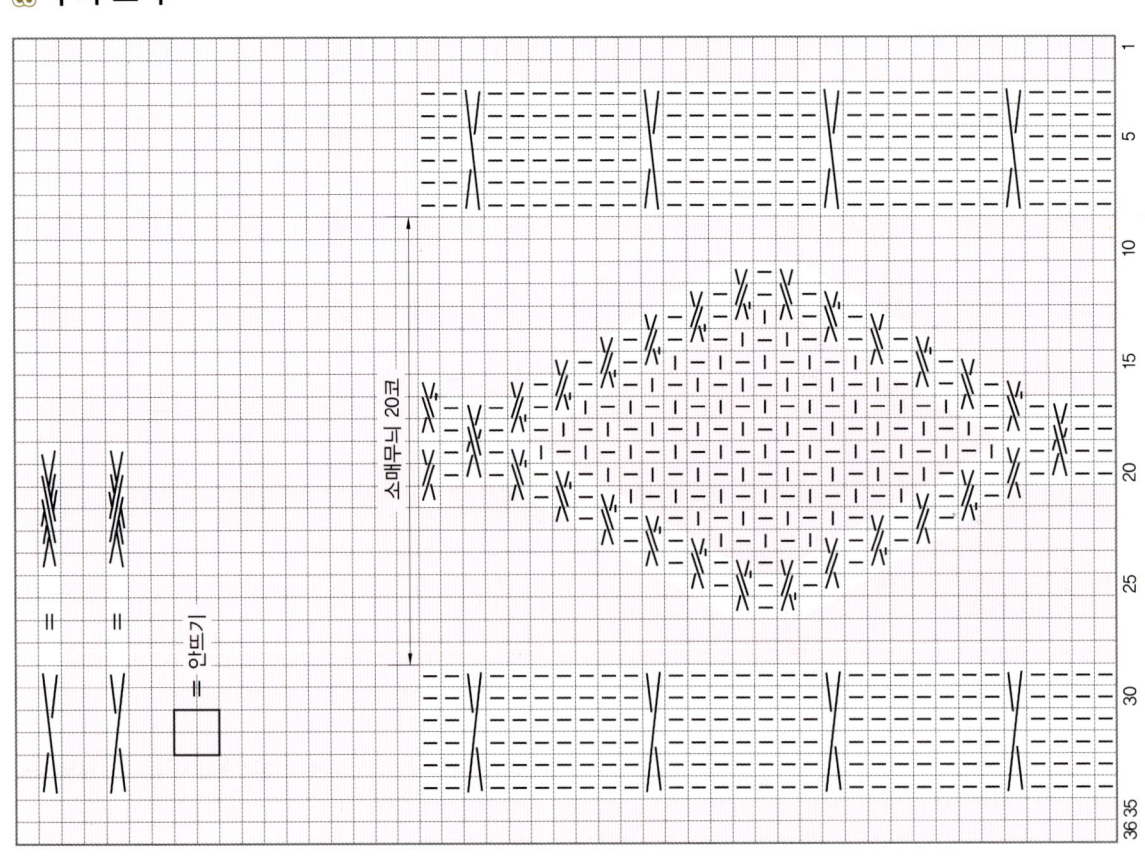

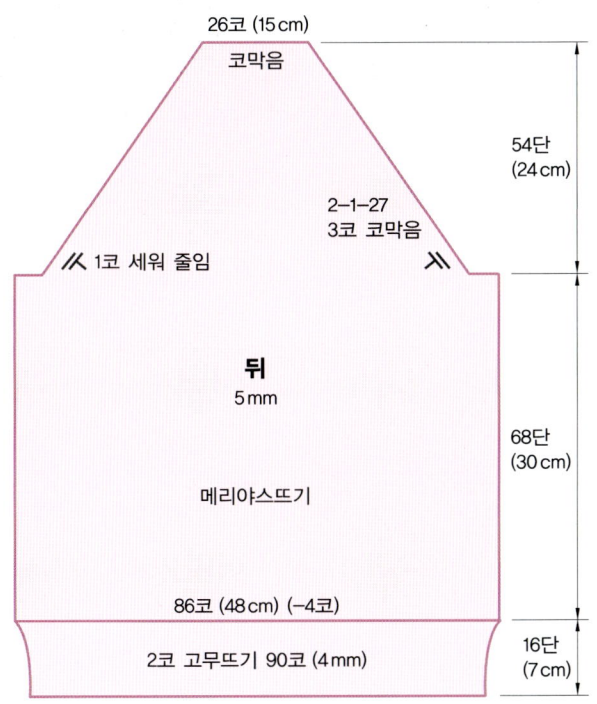

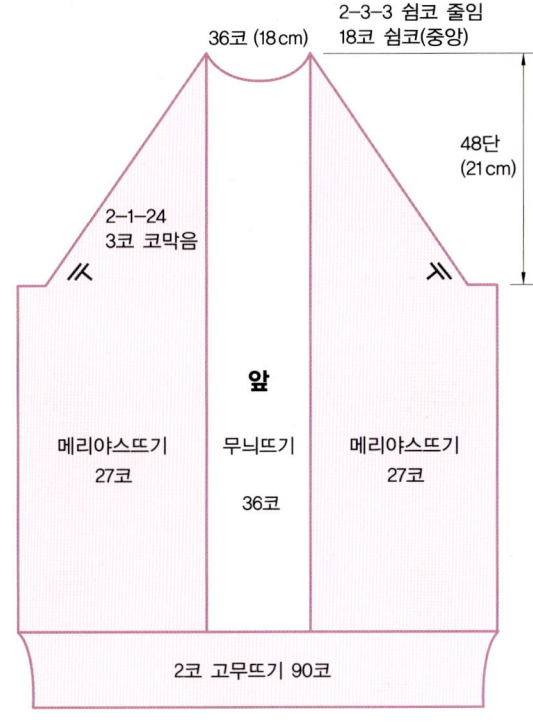

Point

앞목은 쉼코 줄임으로 신축성 있게 하여 입고 벗기 편하게 한다.

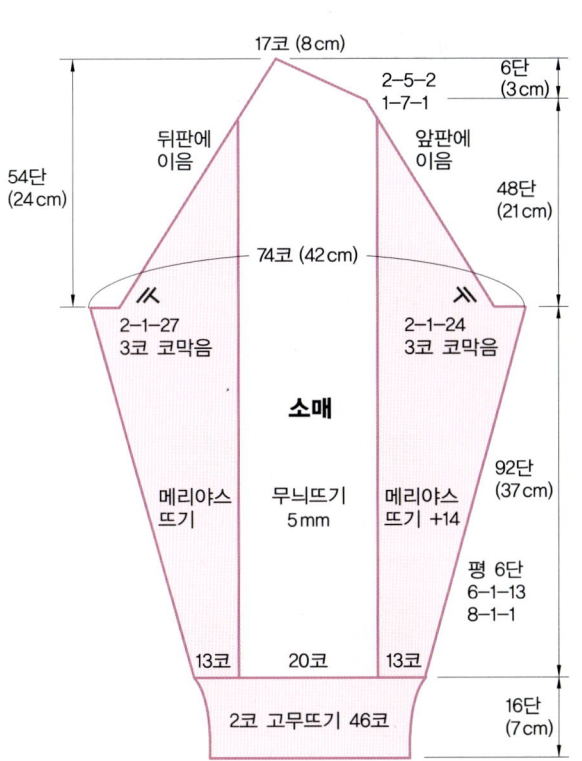

목

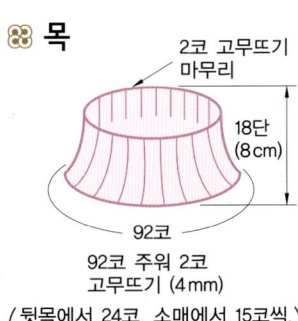

92코 주워 2코 고무뜨기 (4mm)
(뒷목에서 24코, 소매에서 15코씩, 앞목에서 38코 주움)

Point

- 목의 고무단 마무리는 느슨하게 해야 입고 벗기 편하다.
- 목둘레가 작은 옷은 앞목을 쉼코로 하여 입고 벗기 편하게 한다.
- 뒷목을 쉼코로 하면 어깨가 처져 옷맵시가 나지 않으므로, 소매가 있는 성인옷의 뒷목은 반드시 코막음을 한다.

V-neck pull-over

knitting 2

브이넥 풀오버

부드러운 실로 떠서 맨살에 입을 수 있으며, 블라우스나 셔츠에 받쳐입어도 멋스럽다. 진동 곡선과 허리 다트로 바디라인이 아름답게 살아난다.

1. 앞 · 뒤의 다트
2. 네크라인 중심
3. 밑단은 고무뜨기 없이 바로 무늬뜨기
4. C자형의 진동

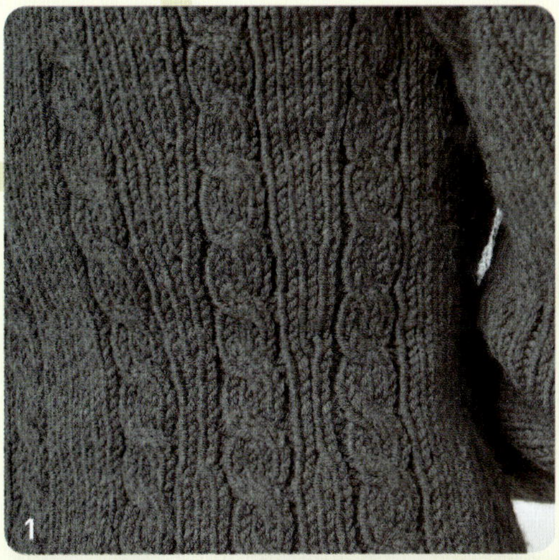
1

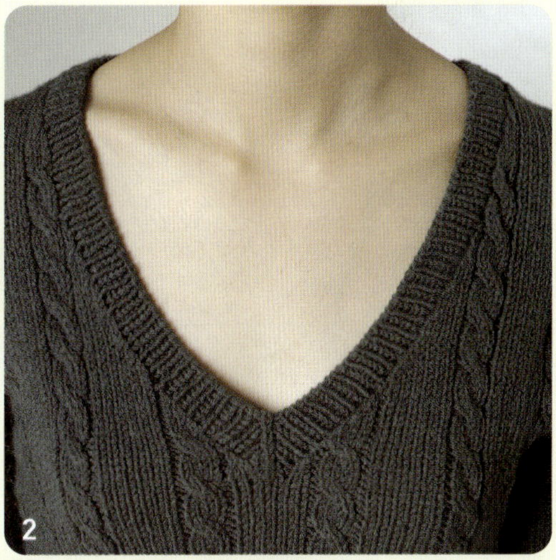
2

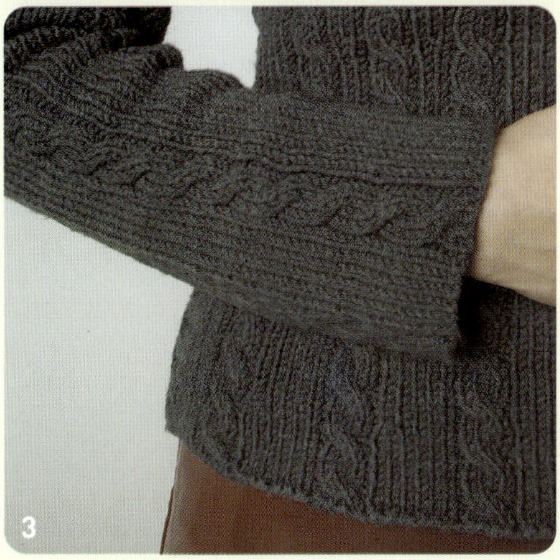
3

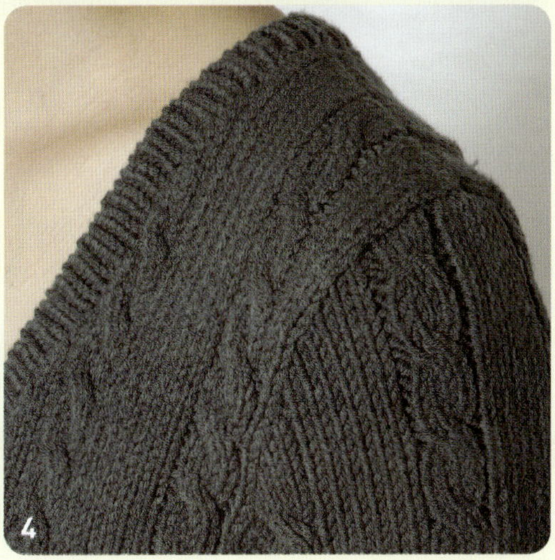
4

브이넥 풀오버

| 완성 치수 |
가슴둘레 ······ 88cm
소매길이 ······ 56cm
옷길이 ······ 56cm

| 게이지 |
무늬뜨기 10cm² ······ 22코×27단

| 재료와 도구 |
실 ············ 모혼방 450g
바늘 ·········· 대바늘 4mm, 4.5mm

 뜨는 방법

1 뒤판과 앞판, 소매 모두 4.5mm 대바늘로 일반코를 잡아 그림과 같이 뜬다.
2 앞뒤 모두 좌우로 그림과 같이 다트를 넣어 준다.
3 진동은 그림과 같이 줄이고 늘리면서 동그랗게 만든다.
4 몸판과 소매를 잇는다.
5 네크라인은 4mm 대바늘로 뒤에서 46코, 앞에서 각각 64코씩을 주워 1코 고무뜨기 6단을 뜨면서 중앙은 3코 중심모아뜨기를 해 주고 1코 고무뜨기를 마무리한다.

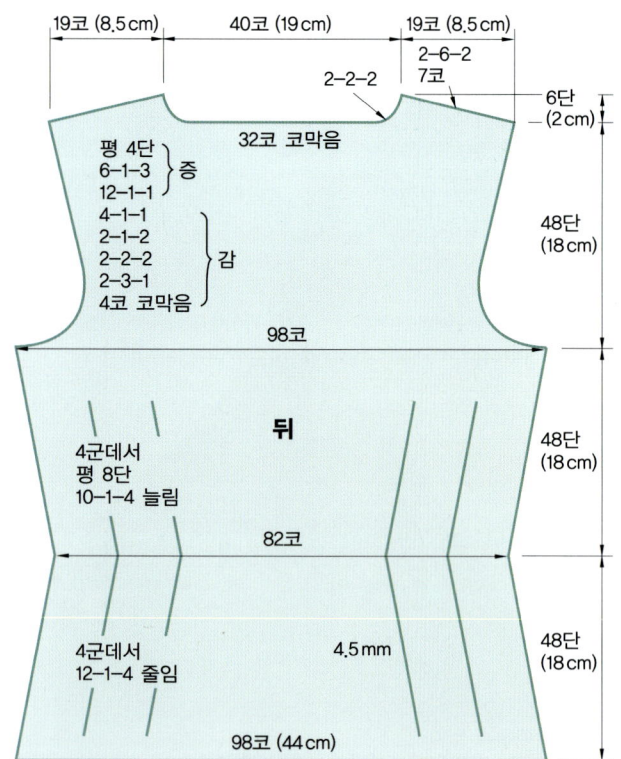
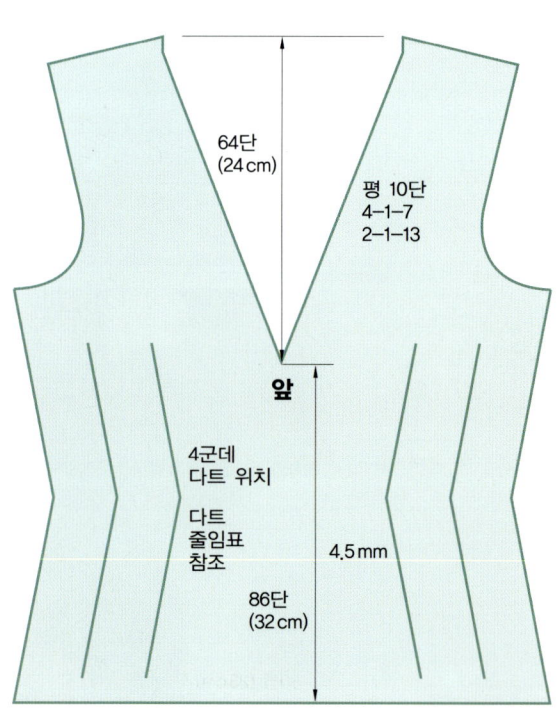

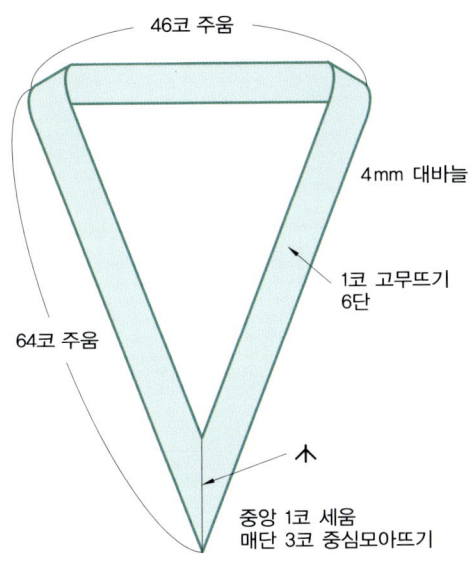

🌸 진동 줄임과 늘림

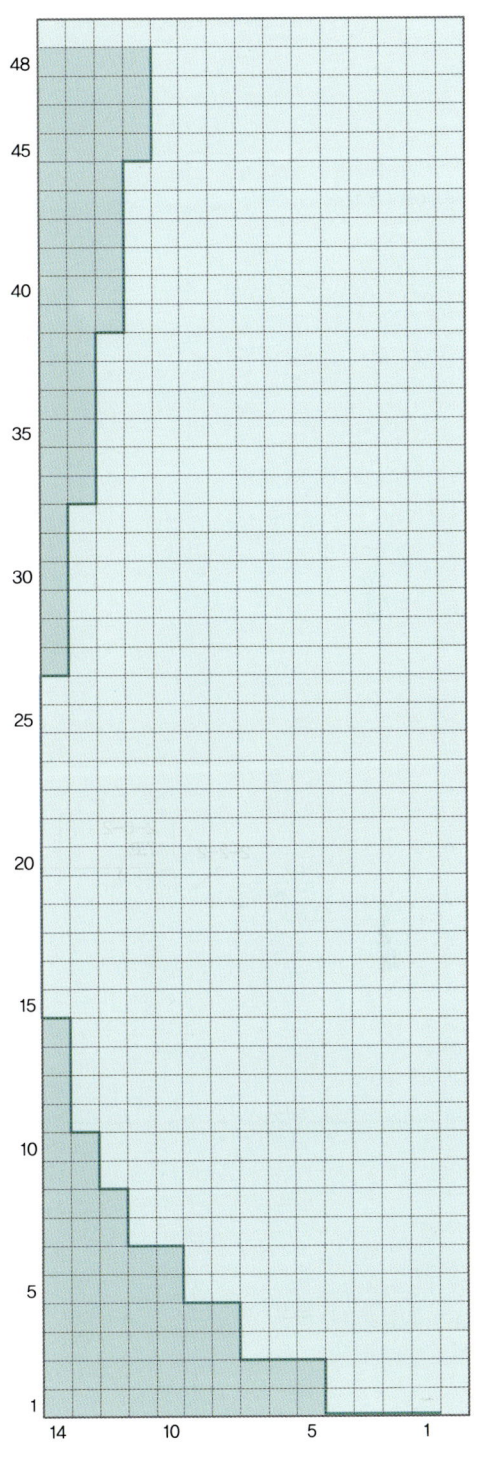

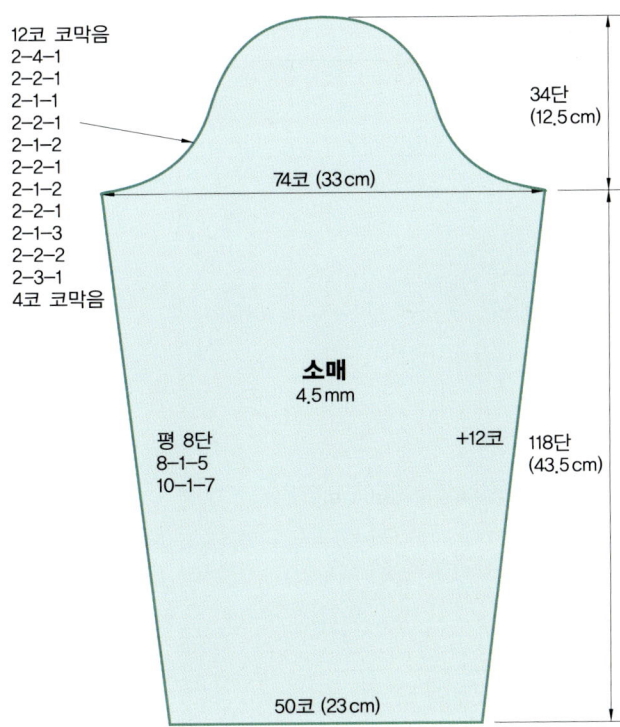

⚘ 좌측 다트 줄임과 늘림

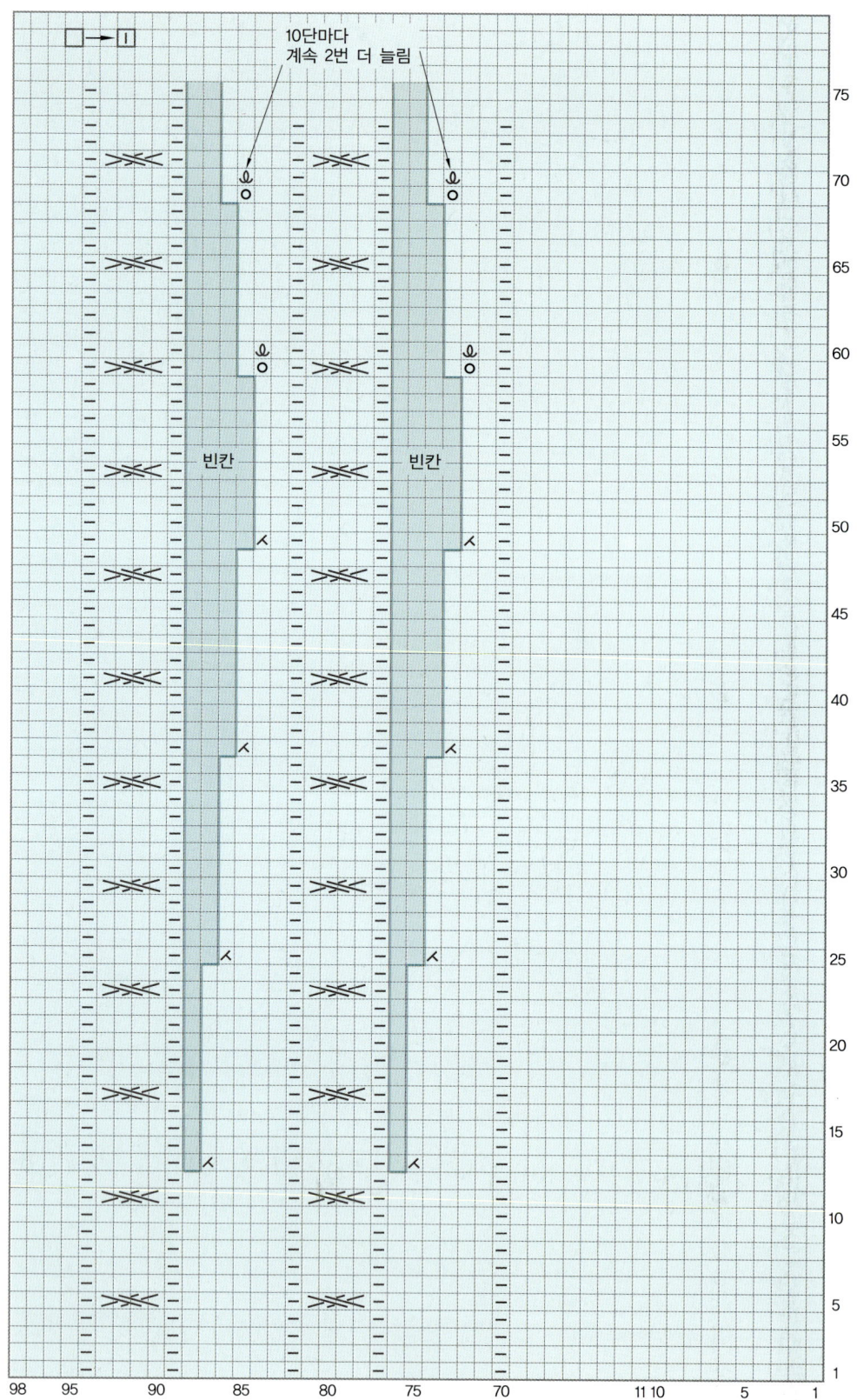

우측 다트 줄임과 늘림

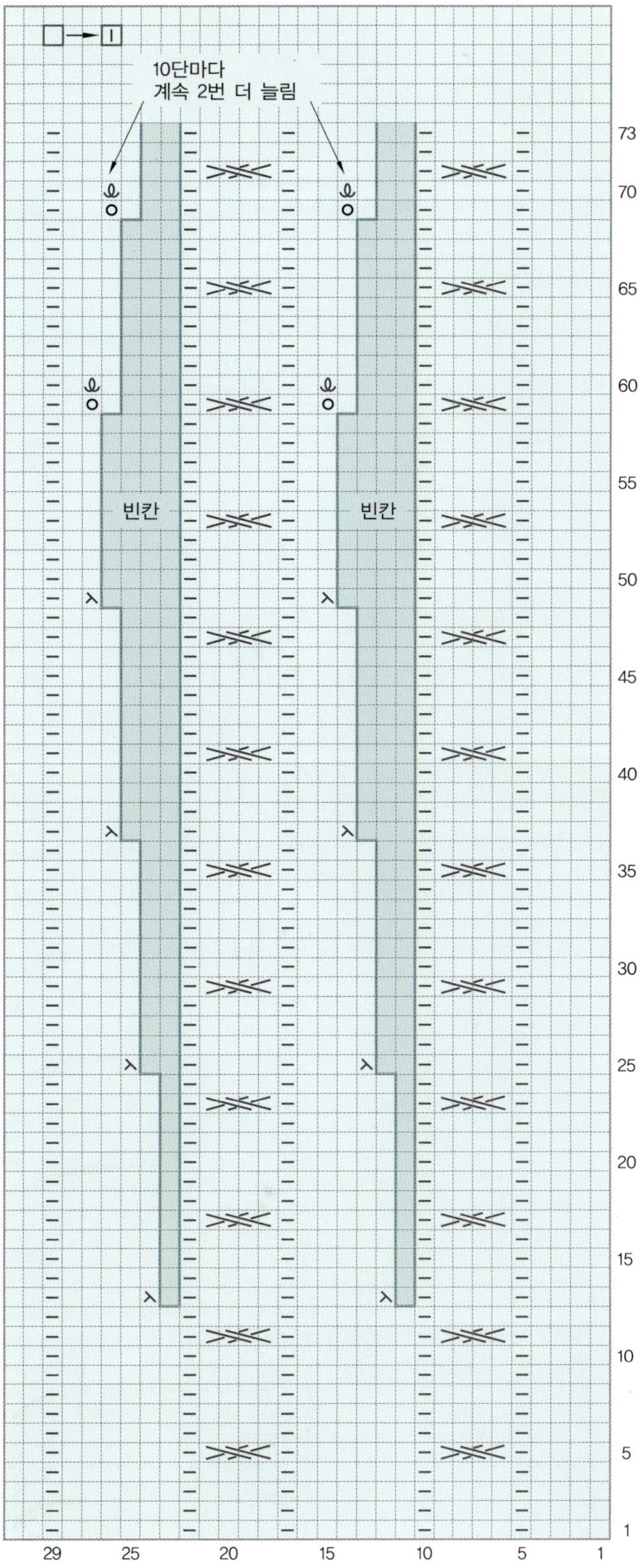

10단마다
계속 2번 더 늘림

빈칸

전체 무늬

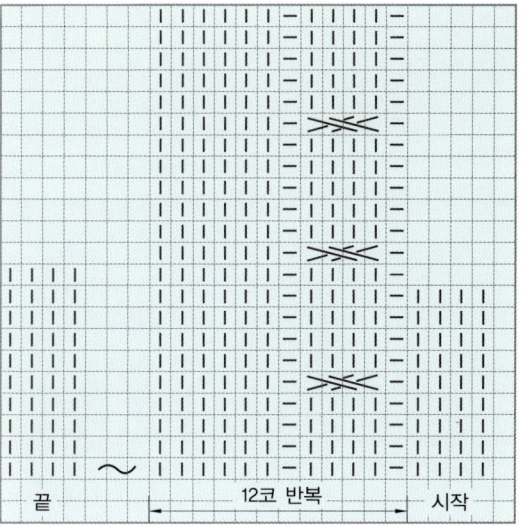

끝　12코 반복　시작

17

Long-coat & hat

knitting 3

롱코트와 모자

1930~1940년대를 연상시키는 복고풍의 코트와 모자이다.
전체를 화려한 하트와 등불 무늬로 뜨고, 바디라인을 살려 클래식 모드로
연출했다.

1. 모자의 브림은 탄력 있는 코바늘로
2. 솔기 없이 깔끔한 오픈 칼라
3. 무늬 사이를 절개한 세로 주머니와 소매
4. 몸판 무늬

롱코트와 모자

| 완성 치수 |

가슴둘레 …… 96cm
소매길이 …… 56cm
옷길이 ……… 106cm

| 게이지 |

무늬뜨기 10cm² …… 21코×26단
메리야스뜨기 10cm² … 17코×22단

| 재료와 도구 |

실 ………… 순모 1,600g
단추 ……… 6개(지름 20mm)
바늘 ……… 대바늘 5mm,
　　　　　　 코바늘 5호

뜨는 방법

● 롱코트

1. 뒤판은 일반코 120코를 잡아 양쪽 안메리야스뜨기 15코씩, 중앙 무늬뜨기 90코를 배열하여 그림과 같이 바디라인에 따라 줄임과 늘림을 한다.
2. 어깨는 쉼코로 두고, 뒷고대는 코막음을 한다.
3. 앞판은 일반코 71코를 잡아 앞단의 1코 고무뜨기와 몸판 무늬뜨기를 동시에 뜬다.
4. 앞단의 1코 고무뜨기는 모두 돌려뜨기법으로 하고, 그림처럼 단비우기를 하여 앞단이 늘어지는 것을 막아 준다.
5. 오른쪽은 단춧구멍을 내면서 올라가고, 양쪽 주머니 위치에서는 그림과 같이 주머니를 내 준다.
6. 앞목은 쉼코줄임(어깨경사뜨기법과 동일)을 하여 칼라를 오픈하여도 솔기가 보이지 않도록 한다.
7. 소매는 일반코 50코를 잡아 양쪽에 안메리야스뜨기 16코씩, 중앙에 무늬뜨기 18코를 배열하여 그림과 같이 뜬다.
8. 칼라는 앞목에서 35코씩, 뒤에서 29코를 주워 1코 고무단 돌려뜨기 12cm를 뜬 다음, 느슨하게 1코 고무뜨기 마무리를 한다.

Point

① 주머니 위치에서 옆 안뜨기 7코를 쉼코로 두고 28단을 진행한다.
② 안쪽 28단 밑에서 22코를 주워 안메리야스뜨기 28단을 뜨고, ①의 쉼코 7코와 만나 28단을 더 뜬다.
③ 몸판을 뜨던 무늬뜨기코와 안에서 주워 떠온 22코를 겹쳐 뜬다.
④ * 표가 된 면은 감침질로 꿰맨다.

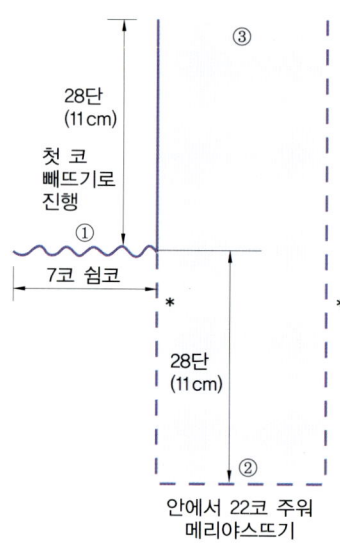

❀ 주머니

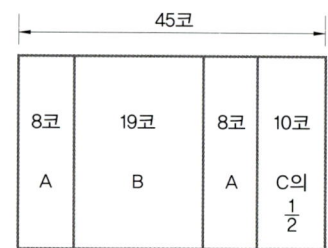

❀ 앞판 무늬 배열

45코			
8코	19코	8코	10코
A	B	A	C의 1/2

❀ 뒤판 무늬 배열

90코						
8코	19코	8코	20코	8코	19코	8코
A	B	A	C	A	B	A

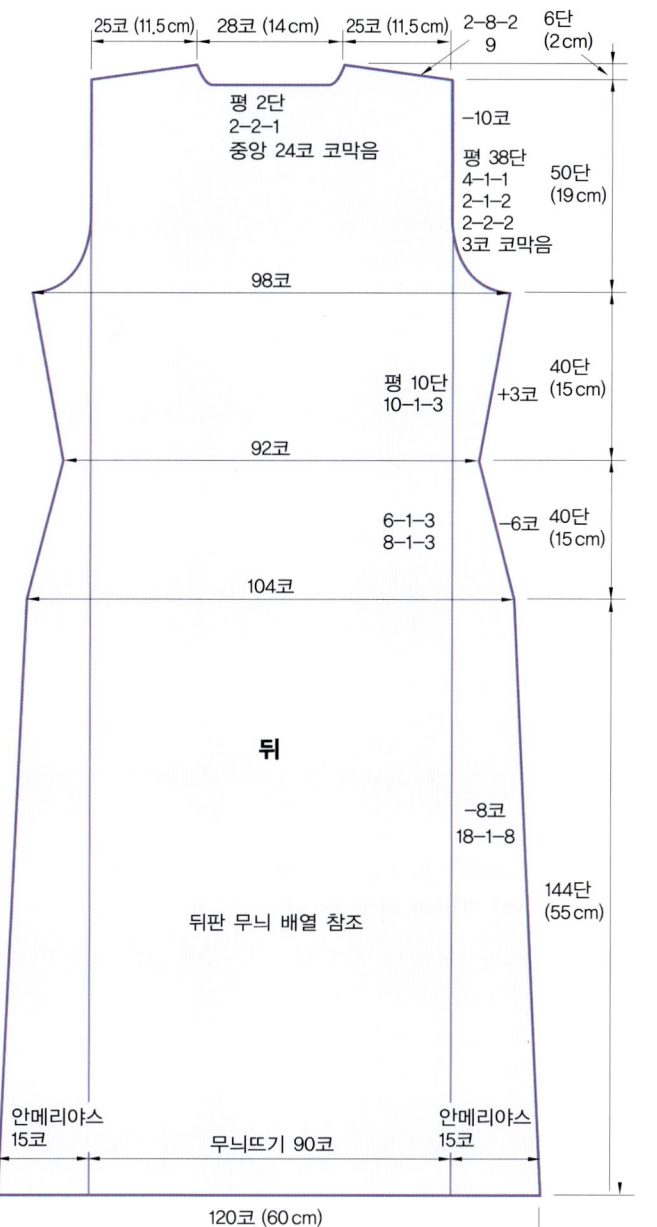
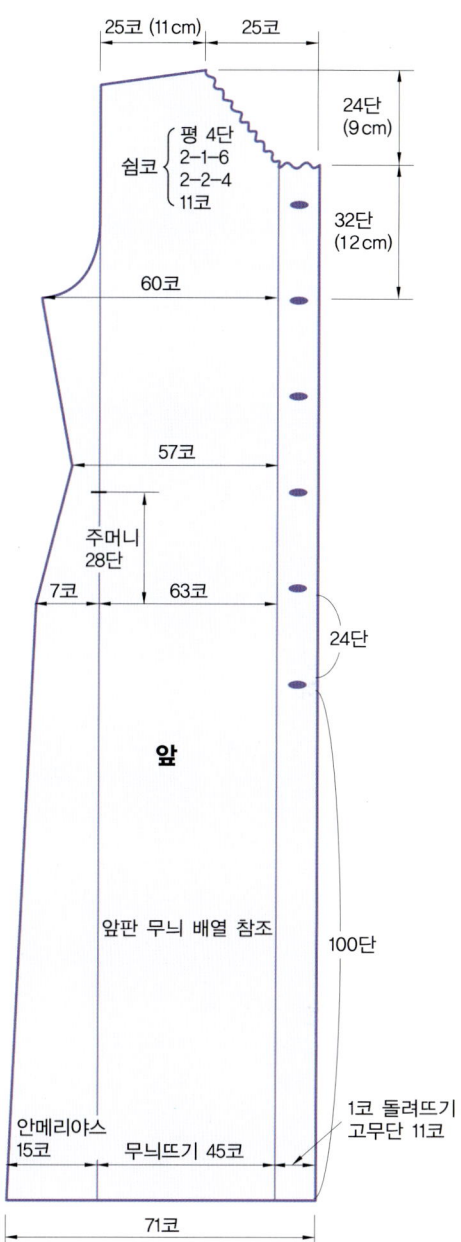

칼라(코 주움)

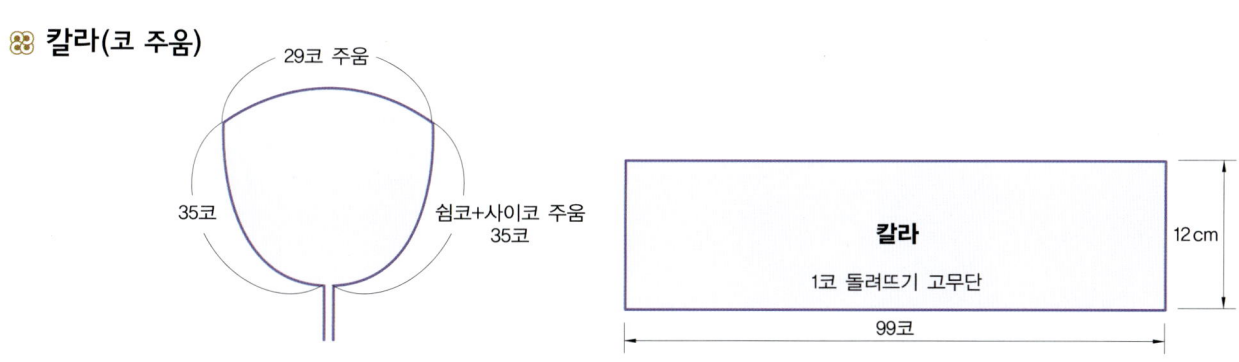

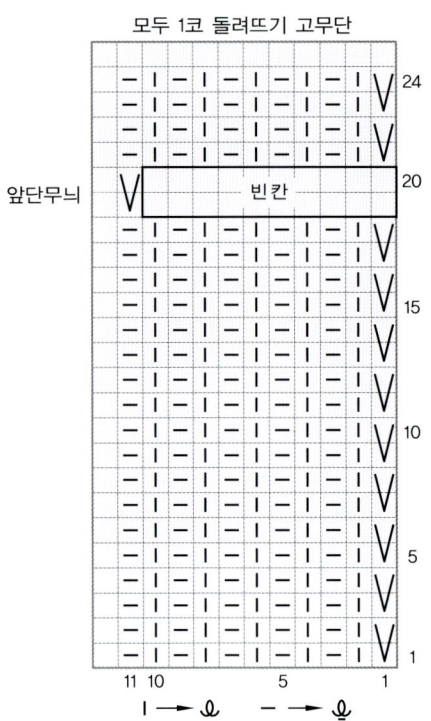

앞단 비우기(고무단 18단마다)

모두 1코 돌려뜨기 고무단

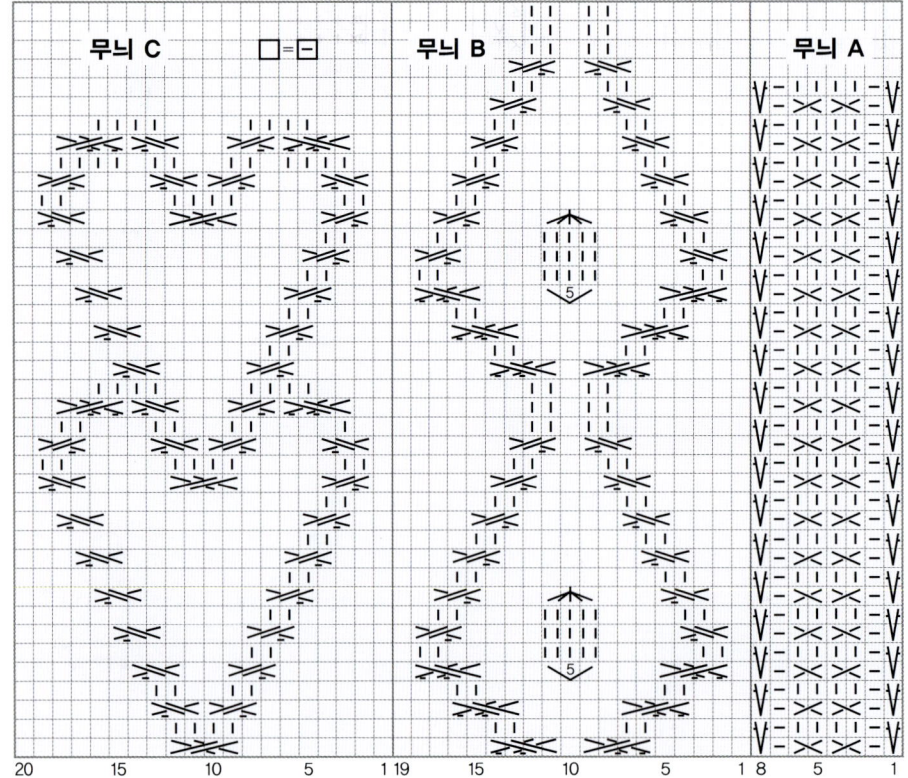

무늬

단춧구멍

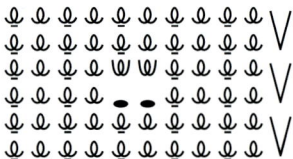

모자

1. 모자는 5mm 대바늘로 일반코 134코를 잡는다.
2. 무늬뜨기로 20단을 뜬다.
   A무늬 1세트 22코를 6번 반복하고, 양쪽 시접코 1코씩을 더해 준다.
3. 21단째부터 첫째 라인을 뺀 나머지 5개 라인에서 3코 중심모아뜨기로 2코씩 줄인다.
   첫째 라인은 3코 중심모아뜨기를 할 수 없으므로 양쪽 안뜨기 쪽에서 1코씩을 줄여주며 40단을 뜨고, 남은 코는 별도의 실을 꿰어 놓는다.
4. 옆 솔기를 잇고 별도의 실에 꿰어놓은 40코를 오므려 묶는다.
5. 브림(챙)은 5호 코바늘로 원 한 바퀴에 88코를 짧은뜨기한다.
6. 8등분하여 그림과 같이 늘리면서 13단을 뜨고, 되돌려짧은뜨기로 마무리한다.

재료와 도구
실 .... 메리노 슈프림
바늘 .... 대바늘 5mm, 코바늘 5호

❀ 코바늘 무늬

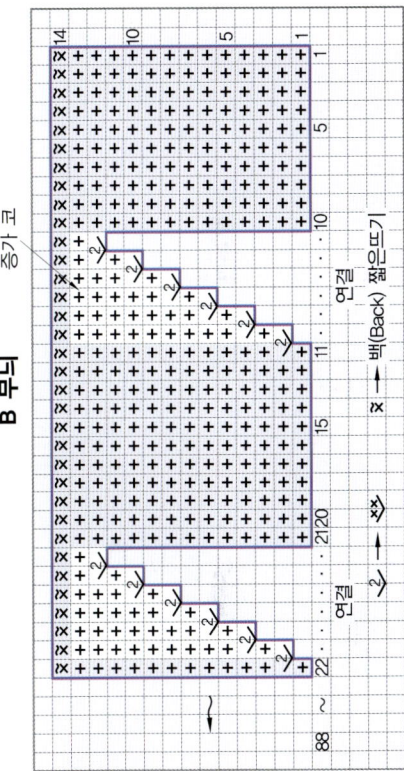

❀ 대바늘 무늬

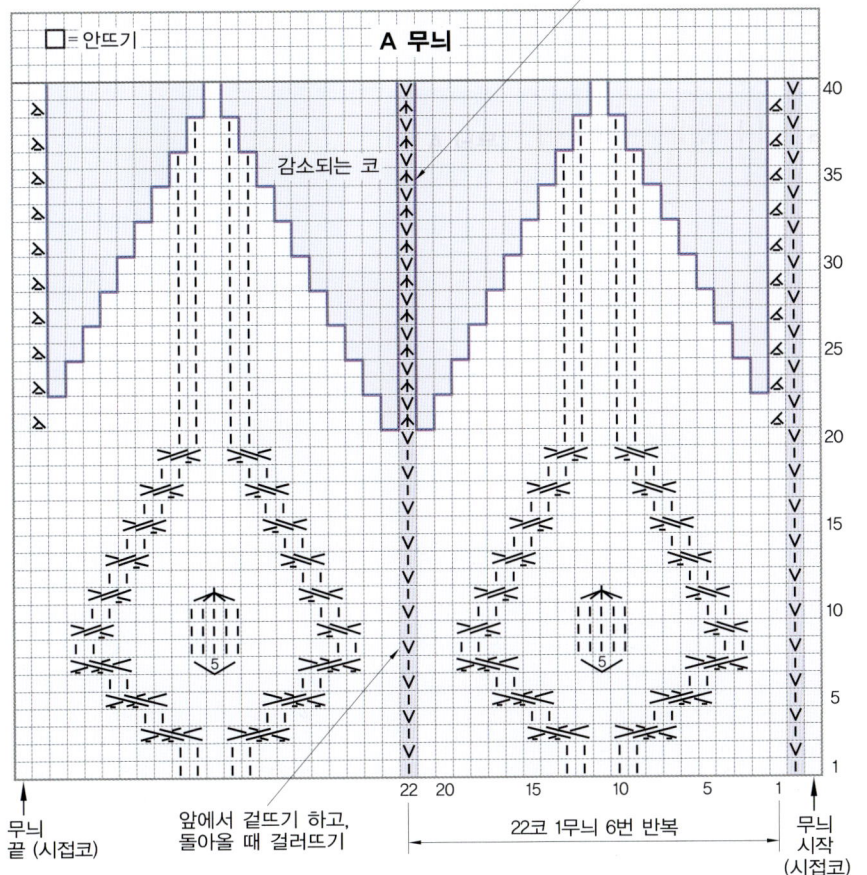

Motive cardigan

모티프 카디건

knitting 4

남은 실로 빨강과 연두, 보라색을 검정과 매치했다.
정사각형의 단순한 모티프를 T자로 이어 붙인 카디건이다.

1. 칼라는 따로 떠서 붙인다.
2. 네크라인 두 군데만 반쪽 모티프
3. 일자 소매로 소맷부리가 나팔이 된다.
4. 마무리는 되돌려 짧은뜨기

모티프 카디건

| 완성 치수 |
가슴둘레 ······ 85cm
소매길이 ······ 49cm
옷길이 ········· 49cm

| 게이지 |
모티프 1개 7cm²

| 재료와 도구 |
실 ············· 모사 검은색 400g,
　　　　　　　연두색 200g,
　　　　　　　보라색 50g
단추 ·········· 5개(지름 15mm)
바늘 ·········· 코바늘 6호

뜨는 방법

1. 빨강과 연두, 연두와 빨강의 순서를 빠꿔 뜬 모티프를 각각 82개씩 164개와 반쪽짜리 각각 1개씩 2개를 뜬다.
2. 그림과 같이 두 색을 번갈아 배열하면서 뒤판과 앞판, 소매의 모티프를 개수에 맞게 잇고, 진동 위치까지 옆선을 이은 다음 소매를 달아 준다.
3. 목을 제외한 밑단과 앞단, 소매를 짧은뜨기 5단을 뜨면서 오른쪽 앞단에는 짧은뜨기 3단째에서 다섯군데를 균등하게 단춧구멍을 내 준다.
4. 칼라는 그림과 같이 검정과 보라색을 배치하면서 55cm를 따로 뜨고, 목에 빼뜨기로 달아 준다.
5. 옷 전체의 아웃라인을 보라색으로 되돌아짧은뜨기를 기호와 같이 한다.

Point

잇기는 안쪽에서 돗바늘로 감침질하여 솔기가 생기지 않도록 한다.

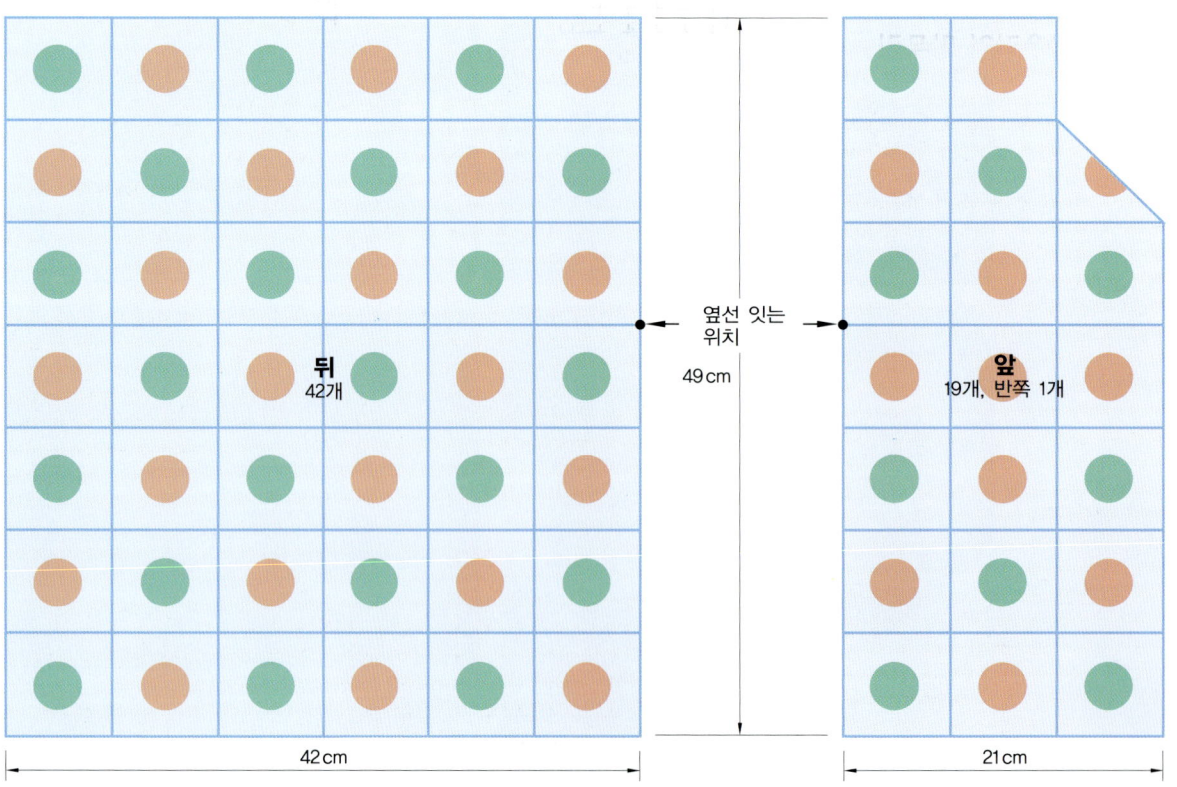

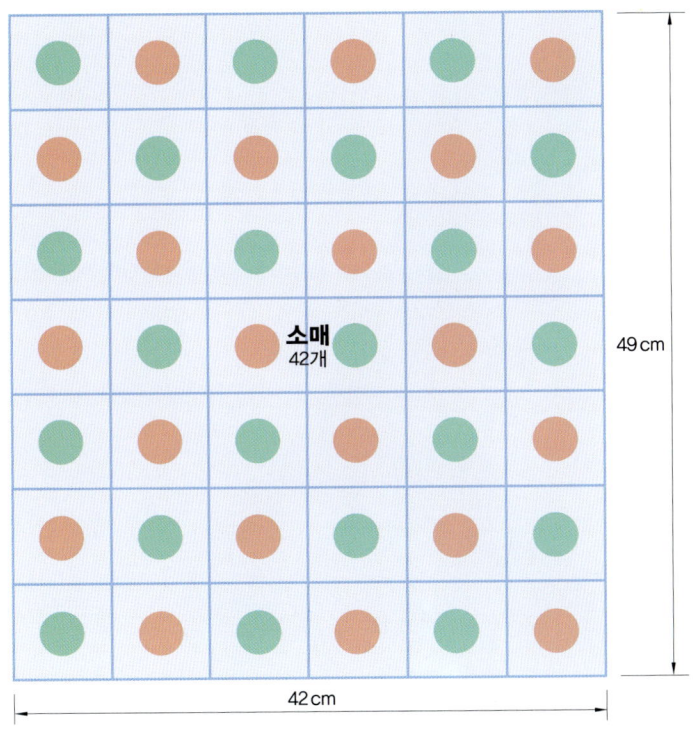

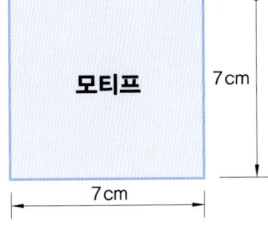

❀ 모티프 뜨기

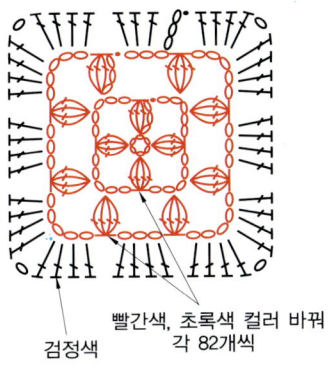

❀ 전체 아웃라인 마무리

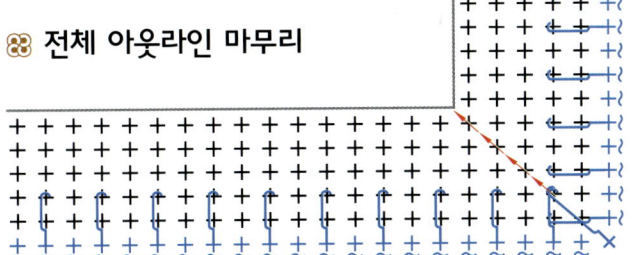

❀ 단춧구멍

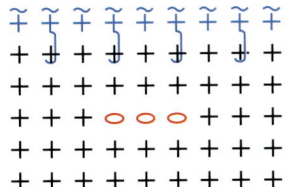

❀ 칼라

Point
잇기 : 뒤에서 돗바늘로 감침질하여 꿰맨다.

Bulky sweater & cap

벌키 스웨터와 모자

특별한 기교 없이 배색 효과로 분위기를 살린 스웨터이다. 새끼손가락 굵기의 바늘로 떠서 단기간 내에 완성할 수 있다.
가장 독특한 장식은 코바늘로 떠서 붙인 아웃포켓과 단추이다.

1. 칼라 마무리는 씌어서 코막음
2. 모자는 1코 국화뜨기
3. 코바늘로 떠서 붙인 단추와 주머니
4. 앞판 무늬는 대칭

벌키 스웨터와 모자

| 완성 치수 |
가슴둘레 …… 108cm
소매길이 …… 51cm
옷길이 ……… 67cm

| 게이지 |
메리야스뜨기 10cm² … 8.5코×13단

| 재료와 도구 |
실 ………… 순모 보라색 1,100g,
            초록색 300g
바늘 ……… 대바늘 8mm, 10mm,
            코바늘 10호

뜨는 방법

1. 10mm 대바늘로 일반코 46코를 잡아 1코 고무뜨기 8단을 뜬 다음, 메리야스뜨기 52단을 뜬다.
2. 진동은 4코를 코막음하고 직각으로 28단을 뜬다.
3. 양쪽 어깨 13코씩은 쉼코로 두고, 뒷목 12코는 코막음을 한다(뒷목까지 쉼코로 둘 경우 소매의 무게로 목선이 처지게 된다).
4. 앞판은 뒤와 같은 대바늘로 25코를 잡고, 앞단의 11코는 기호와 같이 무늬뜨기를 한다.
5. 소매는 몸판과 같은 대바늘로 그림과 같이 늘리면서 뜨고, 마지막 38코는 모두 느슨하게 코막음을 한다.
6. 앞단은 8mm 대바늘을 사용하여 초록색 실로 58코를 주워 1코 고무뜨기 8단을 뜨고, 오른쪽은 그림처럼 적당한 위치에서 5군데에 단춧구멍을 내 준다.
7. 칼라는 8mm 대바늘을 사용하여 초록색 실로 목에서 51코를 주운 다음, 1코 고무뜨기 8단을 뜨고 10mm 대바늘로 바꿔 8단을 더 떠준 뒤 느슨하게 일반 코막음을 한다.
8. 주머니는 10호 코바늘로 그림과 같이 색을 바꿔가며 코바늘뜨기하여 앞판 양쪽에 U모양으로 꿰맨다.
9. 단추는 10호 코바늘을 사용하여 초록색 실로 그림과 같이 떠서 왼쪽 단춧구멍 위치에 달아 준다.

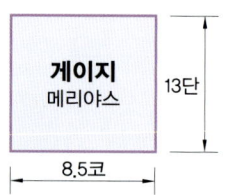

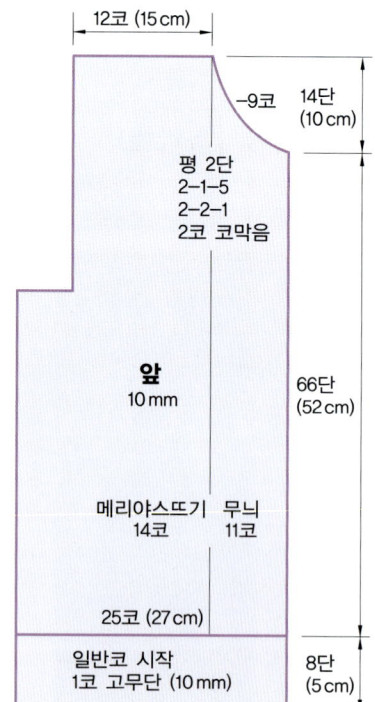

🟢 모자

10호 코바늘로 그림과 같이 색을 바꿔가며 코바늘뜨기 한다.

- Top 부분
- 테두리
- 크라운 부분(3코 국화뜨기)

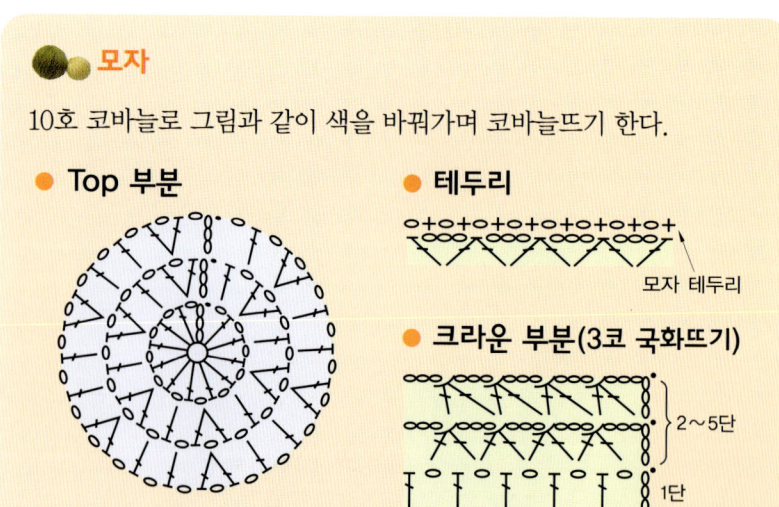

공주풍 스웨터

knitting 8

칼라와 밑단, 커프스를 나팔처럼 화려한 레이스로 뜨고, 몸판은 동그란 체인과
직선 무늬로 날씬해 보이도록 하였다.
무늬 사이에 안뜨기를 떠서 자연스런 수축에 의해 바디라인을 살려 주었다.

1. 깔끔하게 빼 떠서 이은 플랫 칼라
2. 레이스 끝은 웨이브를 살려준다.
3. 소맷부리 레이스는 밑단과 동일하게
4. 무늬는 좌우 대칭으로

공주풍 스웨터

| 완성 치수 |
| 가슴둘레 …… 98cm
| 소매길이 …… 66cm
| 옷길이 ……… 63cm

| 게이지 |
| 몸판무늬 10cm² …… 22코×29단

| 재료와 도구 |
| 실 ………… 순모 700g
| 단추 ……… 6개(지름 18mm)
| 바늘 ……… 대바늘 4mm, 4.5mm, 5mm, 코바늘 5호

 뜨는 방법

1. 뒤판은 5mm 대바늘과 4mm 대바늘을 동시에 쥐고, 일반코 123코를 잡는다.
   4mm 대바늘을 뺀 다음 5mm 대바늘로 레이스 무늬뜨기를 하여 무늬 2세트를 뜬 후 4.5mm 대바늘로 바꿔 3세트를 뜨고, 마지막으로 4mm 대바늘로 2세트를 뜬다.
2. 몸판은 4.5mm 대바늘로 몸판무늬를 뜬다.
3. 진동줄임은 1코 세워줄임하여 라인을 살려 준다.
4. 앞판의 레이스는 뒤판과 같다. 앞몸판을 뜨면서 앞단을 동시에 뜬다.
5. 몸판 게이지는 앞단의 고무단 게이지와 격차가 있으므로 앞단은 그림처럼 단비우기를 하면서 올라가되, 오른쪽 앞단은 단춧구멍을 내 준다.
6. 소매의 레이스는 뒤판과 같다. 소매통을 그림과 같이 무늬를 살리면서 늘린다.
7. 칼라는 뒤판 레이스와 같이 따로 떠서 코막음하고, 비뚤어지지 않도록 시침핀으로 고정한 후 코바늘 빼뜨기로 잇는다.

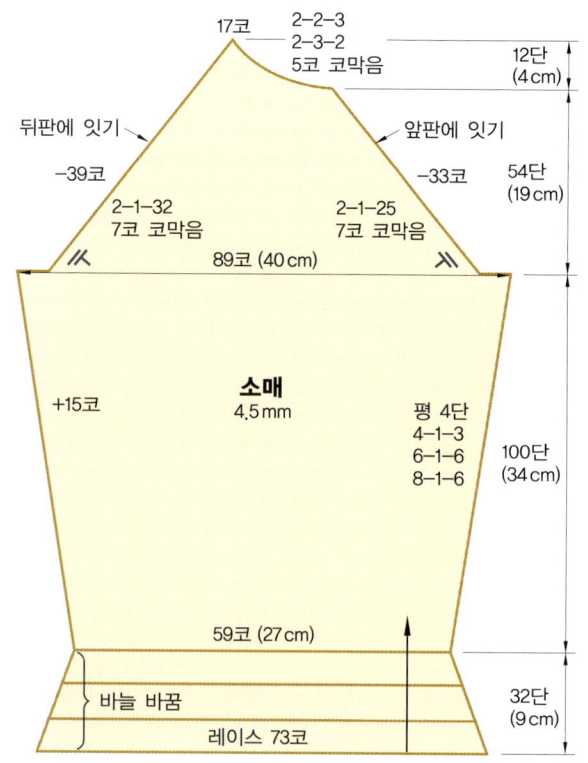

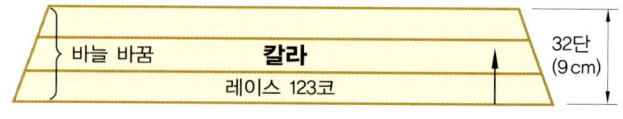

Point

- 래글런 진동을 이으면 피라미드 형태로 모양이 맞아야 한다.
- 뒤판과 앞판, 소매의 진동 코막음 수가 무늬를 맞추기 위해 다르므로 옆솔기와 소매솔기 라인이 겨드랑이에서 살짝 어긋난다.

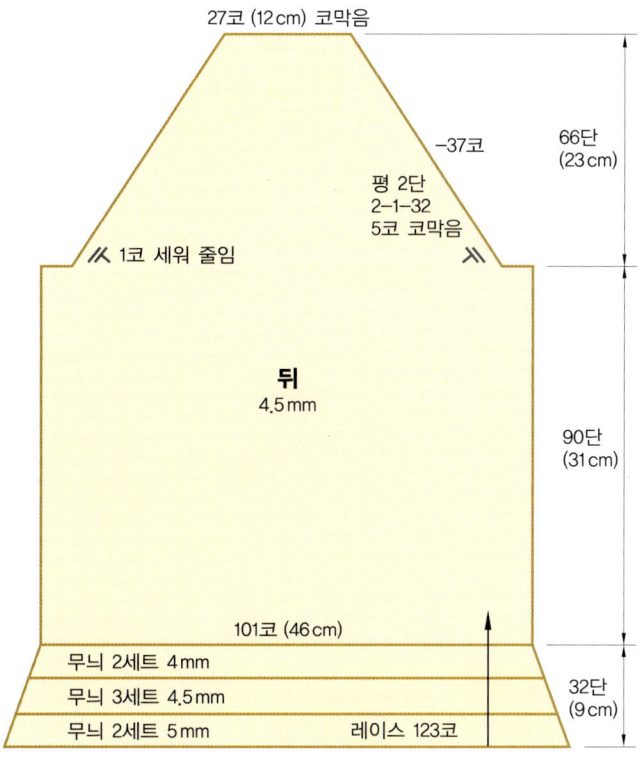
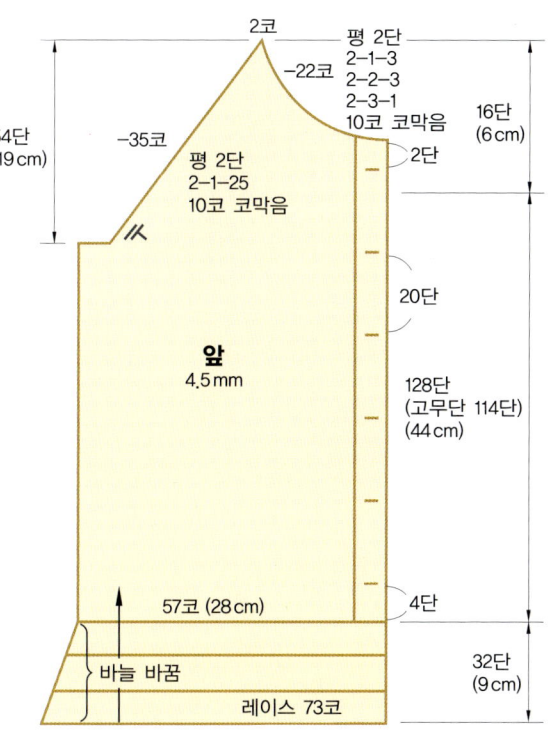

뒤, 칼라 레이스

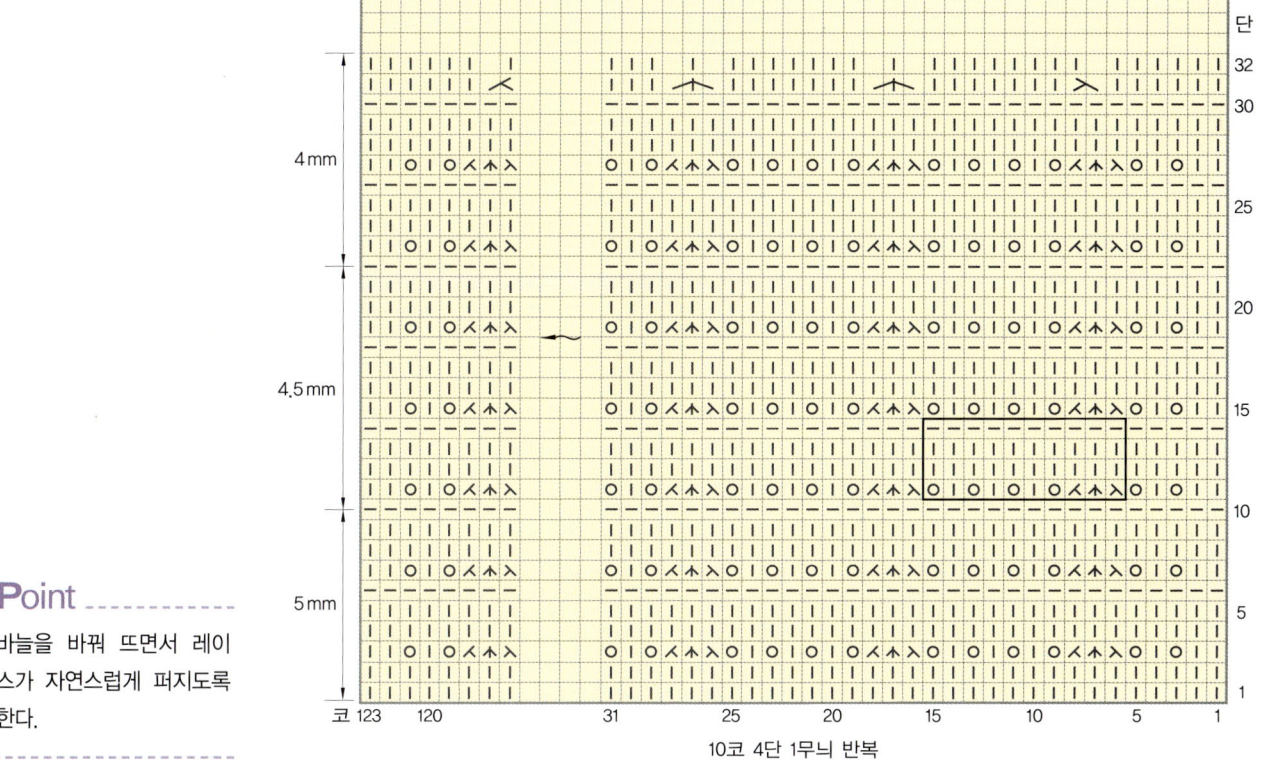

Point
바늘을 바꿔 뜨면서 레이스가 자연스럽게 퍼지도록 한다.

✿ 앞 레이스와 몸판 무늬(좌측은 반대)

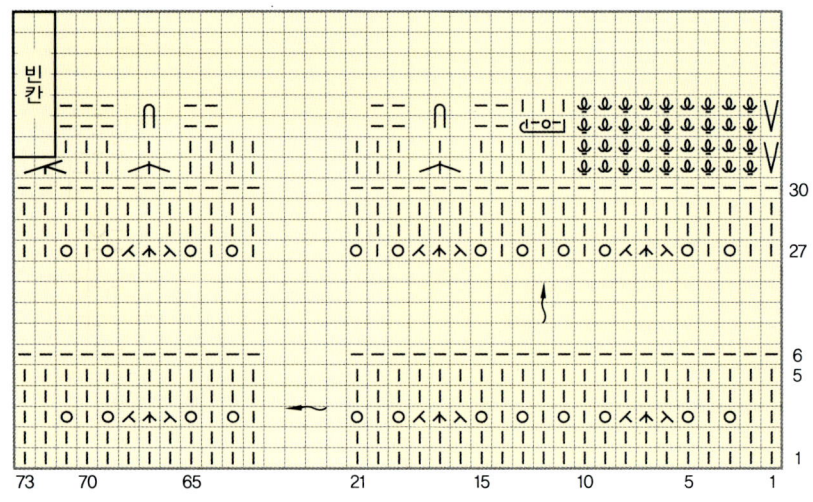

- 앞단의 첫 코는 빼고 뜬다.
- 앞판의 옆 솔기는 안뜨기 3코이다.

✿ 앞판 비우기와 단춧구멍 내기

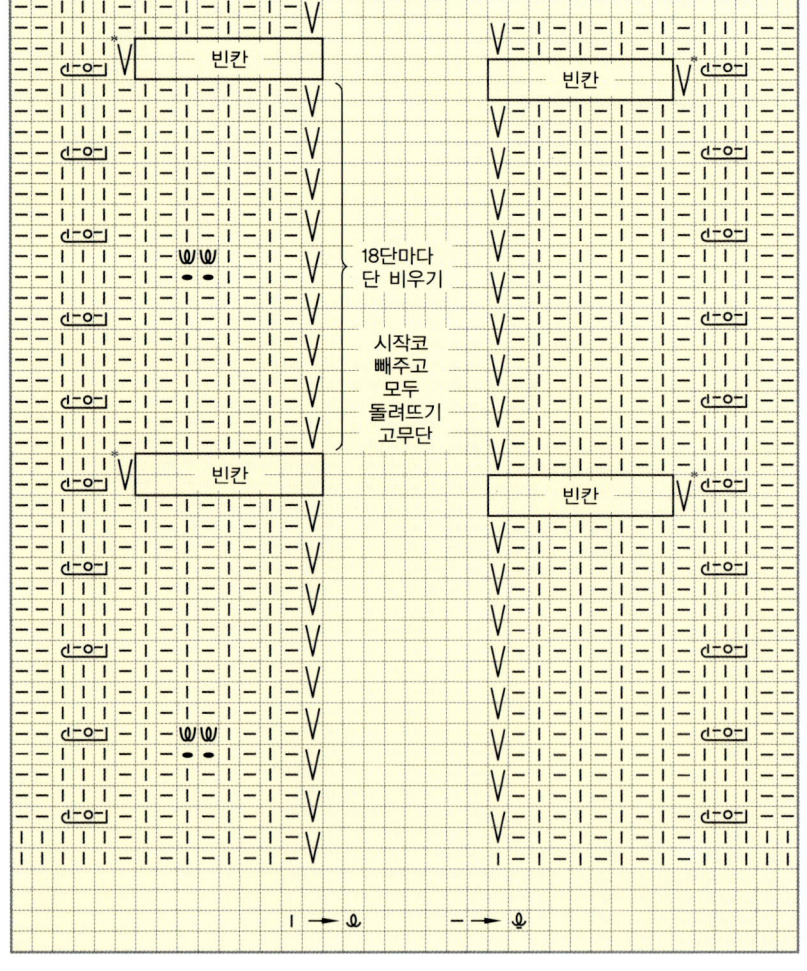

- 앞단 9코의 단 비우기는 반드시 해 준다.
- 단춧구멍 내기 : 2코를 코막음하고, 돌아올 때 2코를 만들어 준다.
- 1코 고무뜨기는 모두 돌려뜨기 기호를 생략한다.

Point

무늬뜨기와 고무단뜨기의 게이지 단수 차이로 단 비우기를 해야만 앞단이 늘어져 보이지 않는다. 무늬뜨기까지만 하고 되돌아간다.
다음 단 "*" 부분에서 미끄럼코뜨기를 해 주고 계속 진행한다.

몸, 소매 무늬

소매

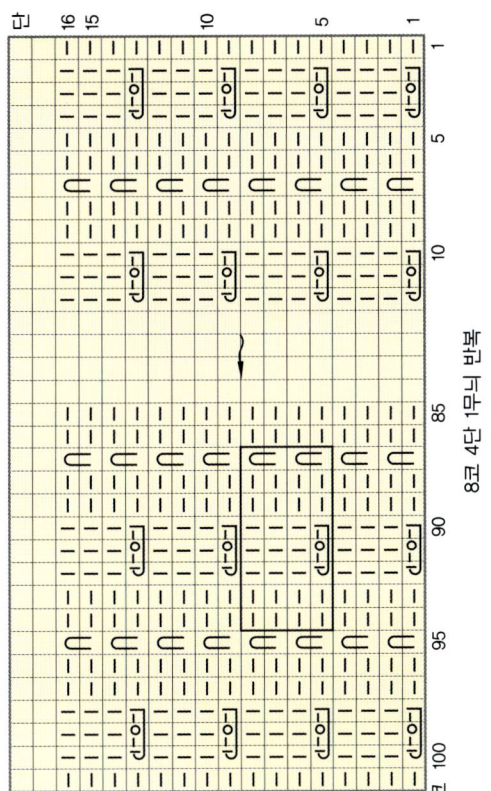

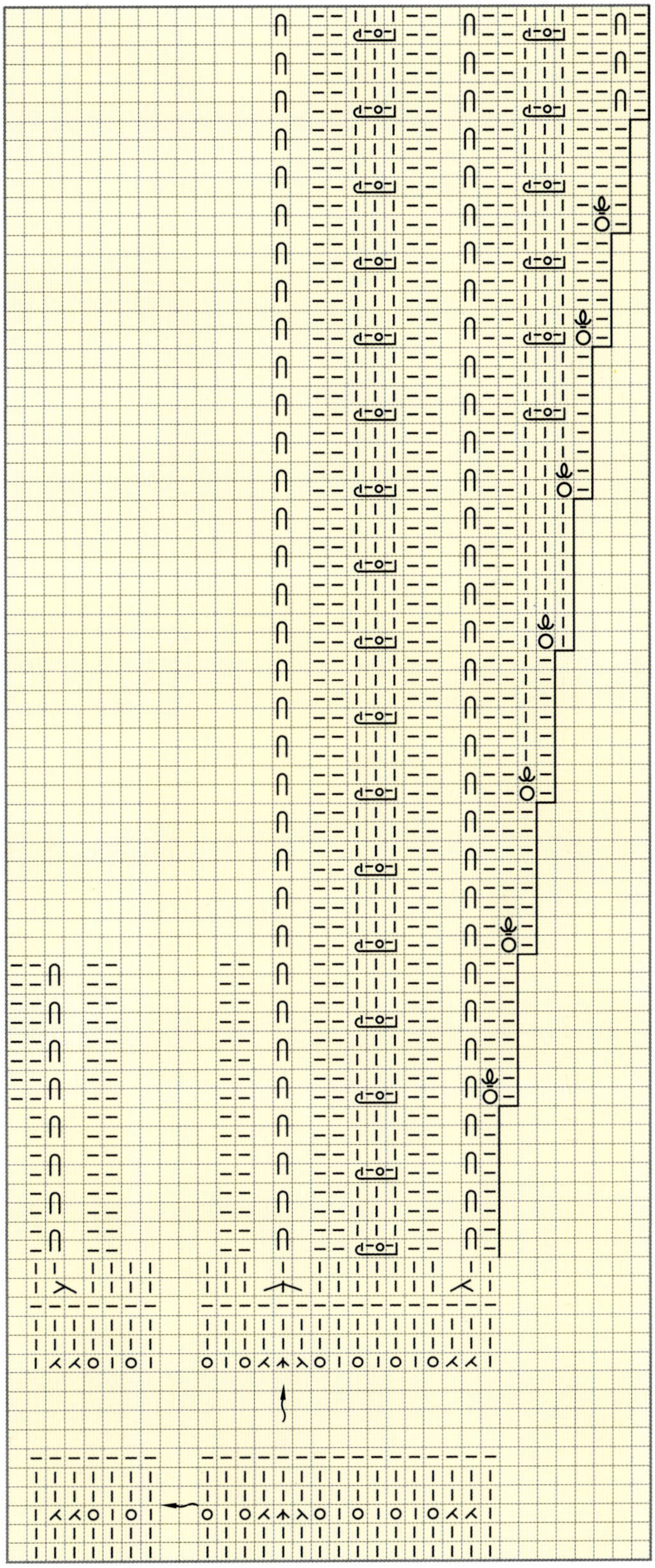

- 소매 늘림은 사이드 시접코 1코를 두고 무늬를 만들면서 진행한다.
- 코늘림 방식은 세 가지 정도가 있으나 진행시 구멍무늬를 하고, 돌아올 때 돌려뜨기를 하는 방식이 가장 자연스럽다.

겉뜨기 늘림은 ⚬, 안뜨기 늘림은 ⚬

Sweater with strawberry jelly all over

knitting 9

딸기잼 터틀넥 풀오버(주니어용)

부드러운 백설기에 듬성듬성 딸기잼을 바른 듯한 느낌의 실을 선택하여
메리야스뜨기로만 떠서 터틀넥 칼라로 더 포근하게 보인다.

1. 터틀넥 칼라로 포근하게
2. 소매는 일반코로 잡아 시작
3. 메리야스뜨기의 몸판
4. 밑단은 소매와 동일하게

딸기잼 터틀넥 풀오버

| 완성 치수 |
가슴둘레 ······ 90cm
소매길이 ······ 56cm
옷길이 ········· 50cm

| 게이지 |
메리야스뜨기 10cm² ··· 16코×23단

| 재료와 도구 |
실 ············ 순모 특수사 400g
바늘 ·········· 대바늘 5mm

뜨는 방법

1. 뒤판은 일반코를 잡아 1코 고무뜨기 8단을 뜬 다음, 메리야스뜨기를 하면서 허리라인까지 줄이고 다시 진동까지 늘린다.
2. 앞판은 뒤판과 동일하게 뜨고, 목을 둥글게 파 준다.
3. 소매를 뜨고, 몸판과 소매를 잇는다.
4. 칼라는 전체 56코를 주워 4군데에서 균등하게 늘림하며 28단을 뜨고, 1코 고무단 8단을 뜬 다음 느슨하게 1코 고무단을 마무리한다.

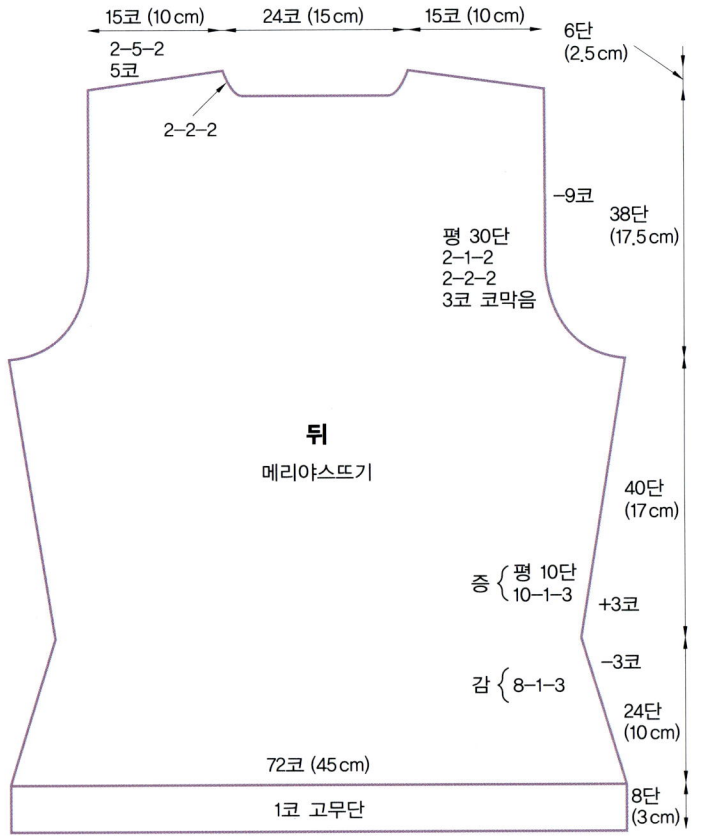

 칼라

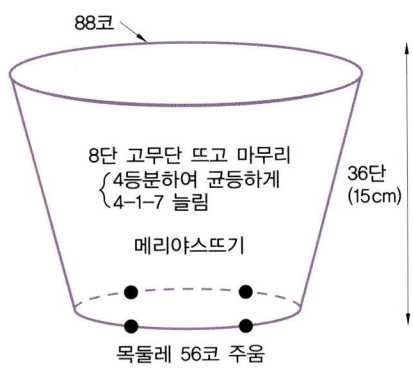

Point
고무단 마무리는 느슨하게 하여 터틀넥 칼라의 모양을 살려 준다.

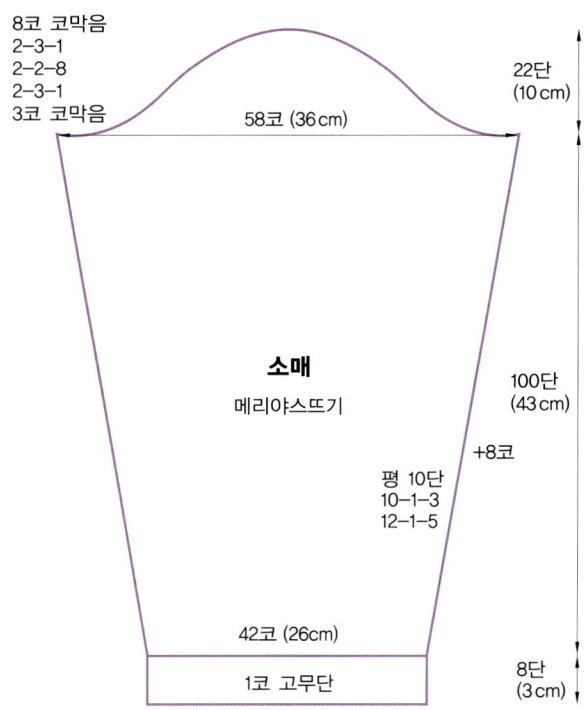

♥ 가장 기초적인 제도법

디자인에 따른 제도는 다음에 소개된 방법보다 훨씬 정밀한 계산을 하여야 한다.

아래의 방법으로 간단한 윗옷은 해결된다.

- 고무단 뜨기가 있는 조끼의 진동 높이 = 가슴둘레÷4
- 소매가 있는 스웨터의 진동 높이 = (가슴둘레÷4)−3
- 진동둘레 = 진동높이+3
- 뒷고대(뒷목넓이) = 가슴둘레÷6
- 라운드 네크의 앞목 깊이 = 뒷고대의 1/2 또는 가슴둘레÷10

※ 가슴둘레는 뜨고자 하는 옷의 사이즈이며, 앞품과 뒤품을 합한 수치이다.

3-day finished sweater

knitting 10
3일 완성 스웨터 (주니어용)

순모 한 겹에 알록달록한 색의 버블이 달려 있는 실을 섞어 안메리야스뜨기로만
완성한 스웨터이다.
굵은 바늘에 특별한 기교가 없어 짧은 시일 내에 완성할 수 있다.

1. 1코 고무뜨기 스탠드 칼라
2. 1코 고무뜨기 마무리는 씌워서 코막음
3. 소매와 밑단 1코 고무뜨기는 일반코로 시작
4. 실의 특성을 살린 안메리야스뜨기로 엠보싱 효과

3일 완성 스웨터

| 완성 치수 |
가슴둘레 …… 96cm
소매길이 …… 56cm
옷길이 ……… 54cm

| 게이지 |
메리야스뜨기 10cm² … 13.5코×21단

| 재료와 도구 |
실 ………… 순모 400g,
　　　　　　혼방 특수사 200g
단추 ……… 6개(지름 15mm)
바늘 ……… 대바늘 5mm, 6mm

 뜨는 방법

1. 모사와 특수사 한 올씩 2겹을 사용한다.
2. 뒤판은 5mm 대바늘로 일반코 70코를 잡아 1코 고무뜨기 14단을 뜨고, 6mm 대바늘로 바꿔 5코를 줄여 65코를 그림과 같이 뜬다. 어깨는 쉼코로 두고, 목은 코막음을 한다.
3. 앞판은 5mm 대바늘로 일반코 36코를 잡아 1코 고무뜨기 14단을 뜨고, 6mm 대바늘로 바꿔 3코를 줄여 33코를 그림과 같이 뜬다.
4. 소매는 5mm 대바늘로 일반코 32코를 잡아 1코 고무뜨기 14단을 뜨고, 6mm 대바늘로 바꿔 그림과 같이 뜬다.
5. 양 어깨와 솔기를 잇고 소매를 단다.
6. 왼쪽 앞단은 5mm 대바늘로 82코를 주워 1코 고무뜨기 10단을 뜨고 코막음을 한다.
오른쪽 앞단은 주운 단을 포함하여 4단을 뜨고, 단춧구멍을 만들어 준다.
7. 칼라는 5mm 대바늘로 그림처럼 72코를 주워 1코 고무뜨기 18단을 뜨고 느슨하게 코막음을 한다.

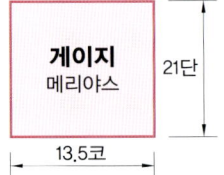

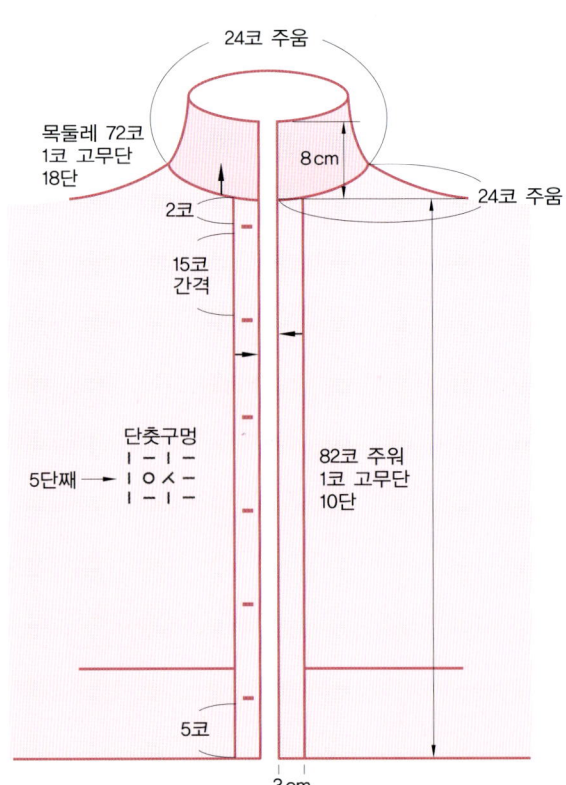

Point
실물은 안메리야스를 겉으로 하였으나 단추를 오픈했을 때 메리야스 뜨기 특성상 겉으로 말리는 현상이 나타난다. 단추를 오픈한 상태로 입으려면 겉메리야스가 겉이 되도록 잇는다.

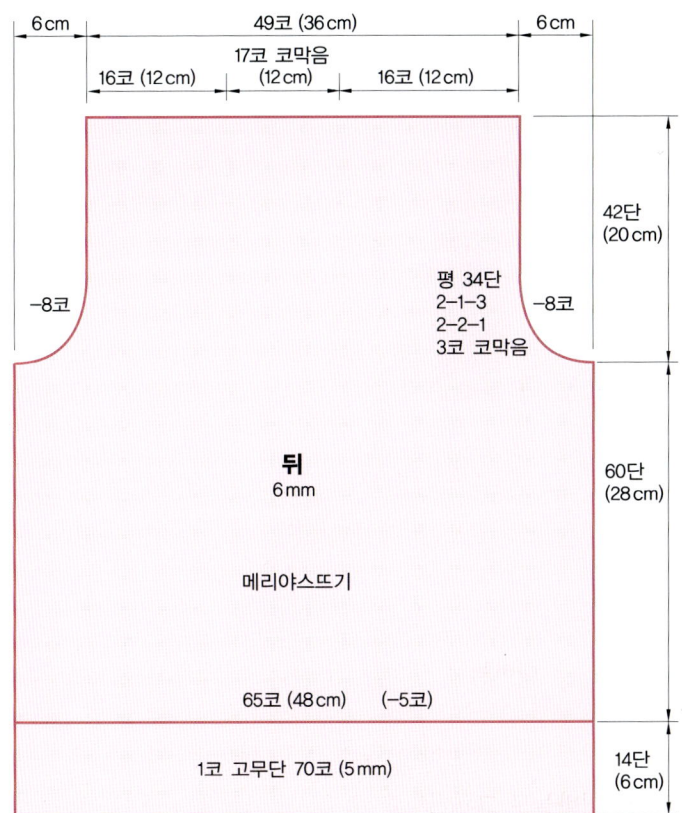
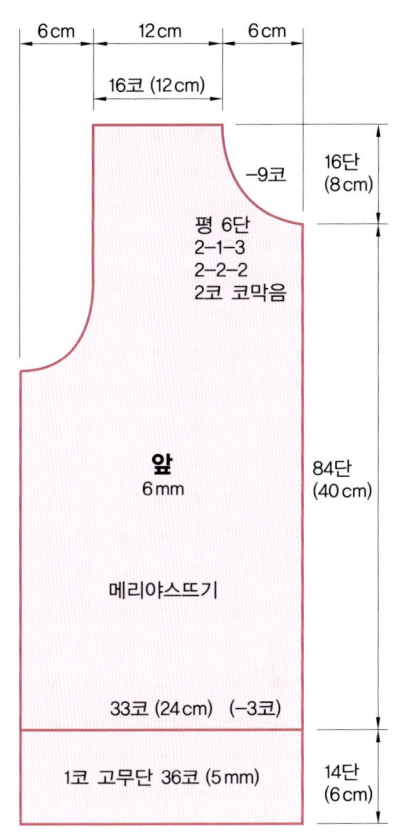
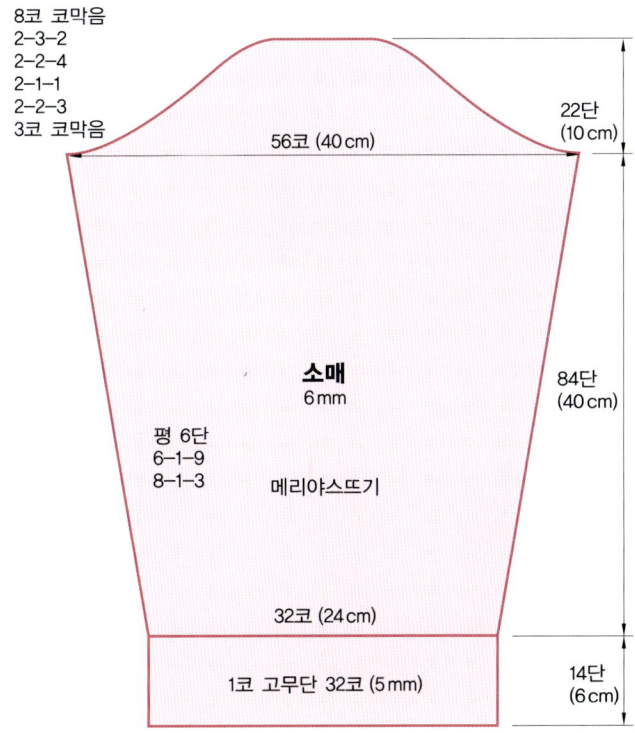

Yoke sweater

knitting 11

요크 스웨터 (주니어용)

솔기 없이 둥글게 만든 어깨 형태를 요크라 한다. 몸판의 조각을 모두 잇고, 전체에서 코를 주워 목까지 균등 분할로 서서히 줄여야 하므로 정확한 계산을 요한다.

1. 요크에서 칼라로 이어지는 무늬
2. 앞은 좌우 대칭으로 무늬 배열
3. 소맷단은 밑단과 동일하게
4. 밑단의 2코 고무뜨기는 지그재그로 독특하게

요크 스웨터

완성 치수
가슴둘레 ······ 90cm
소매길이 ······ 68cm
옷길이 ········ 58cm

게이지
몸판무늬 10cm² ······ 22코×25.5단
요크무늬 10cm² ······ 21코×25단

재료와 도구
실 ············· 순모 분홍색 800g, 보라색 150g
단추 ·········· 5개(지름 20mm)
바늘 ·········· 대바늘 4.5mm, 5mm

뜨는 방법

1. 몸판의 밑단과 소맷부리는 보라색을 사용하여 4.5mm 대바늘로 그림과 같이 뜨고, 5mm 대바늘로 바꿔 몸판 무늬를 뜬다.
2. 돗바늘로 뒤판과 소매 뒤쪽, 앞판과 소매 앞쪽을 먼저 잇고 솔기를 잇는다.
3. 요크의 코줍기는 4.5mm 대바늘에 보라색으로 앞 양쪽에서 34코씩, 소매 양쪽에서 55코씩, 뒤에서 65코, 모두 243코를 주워 가터뜨기 4단을 뜬다.
4. 분홍색 실로 바꿔 5mm 대바늘로 요크무늬 그림과 같이 뜨면서 4단을 뜬다. 13군데에서 2코씩 줄여 6단을 뜨고, 안뜨기 부분 13군데에서 2코씩 5회를 줄여 5단을 뜨고, 안쪽 13군데에서 1코씩을 줄인다. 나머지 74코는 코막음을 한다.
5. 앞단은 4.5mm 대바늘에 보라색으로 118코를 주워 무늬 그림과 같이 뜨면서, 오른쪽은 4단을 뜬 뒤 단춧구멍을 내 주고 2코 고무뜨기 코막음으로 마무리한다.
6. 칼라는 4.5mm 대바늘에 보라색으로 81코를 줍고, 칼라 무늬 그림과 같이 늘리면서 26단을 뜬 뒤 1코 고무뜨기 코막음으로 마무리한다.

✿ 칼라

123코
26단
4.5mm
81코 (38cm)

Point
- 14군데에서 6단마다 1코씩 3번 늘린다.
- 1코 고무단을 2단 뜨고 마무리한다.

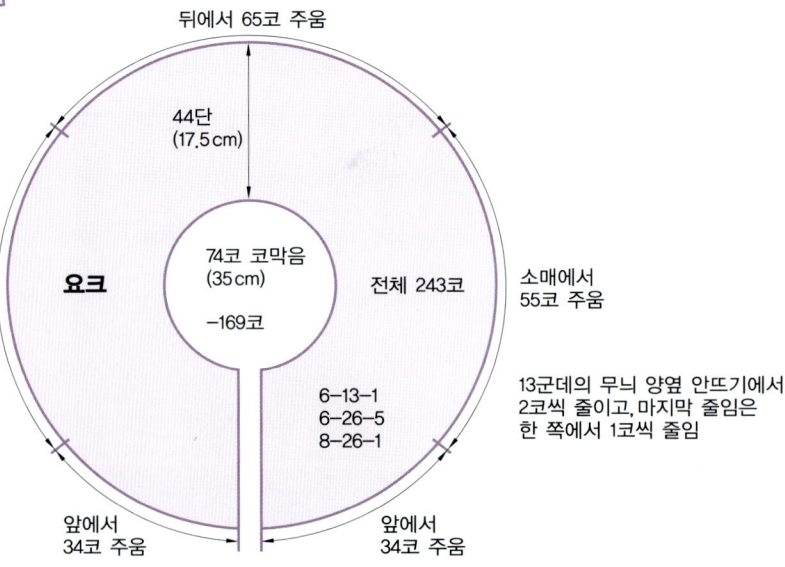

Point
1. 보라색으로 가터뜨기 4단을 한다.
2. 4단 뜨고 13군데에서 2코씩 줄인다.
3. 6단 뜨고 13군데에서 2코씩 5회 줄인다.
4. 5단 뜨고 안쪽 13군데에서 1코씩 줄인다.

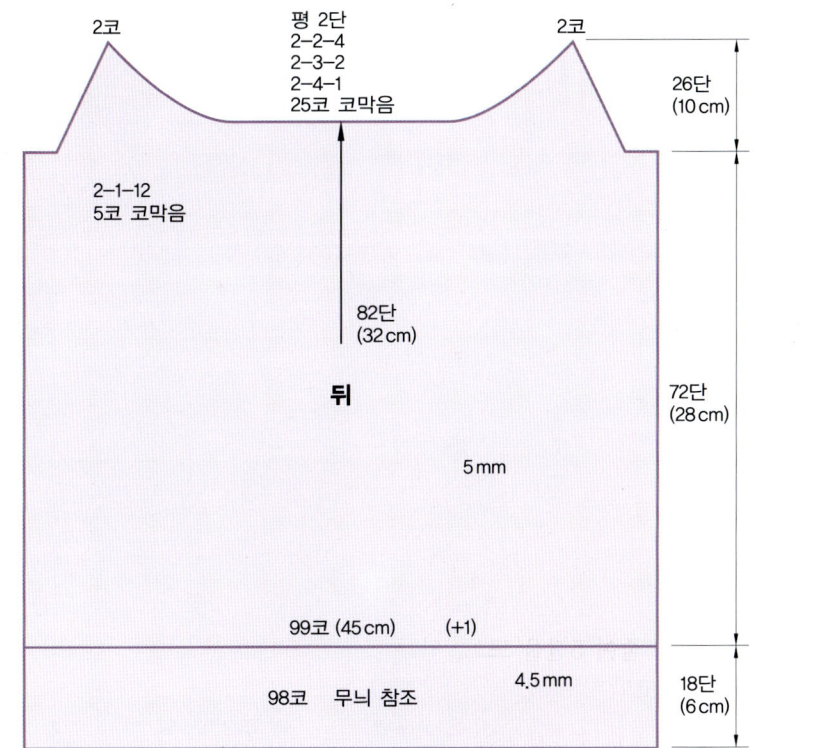
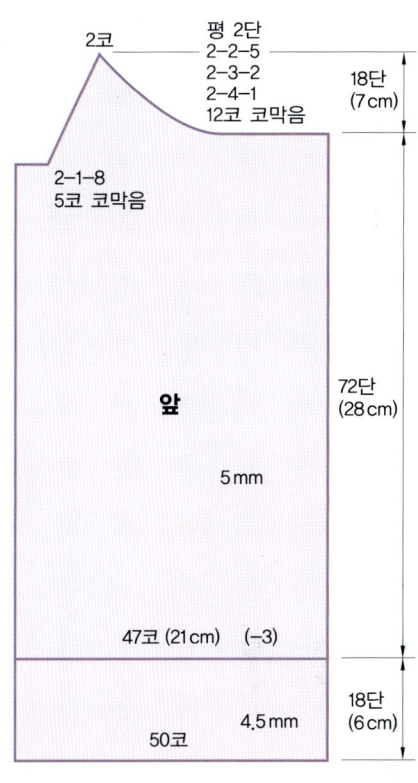
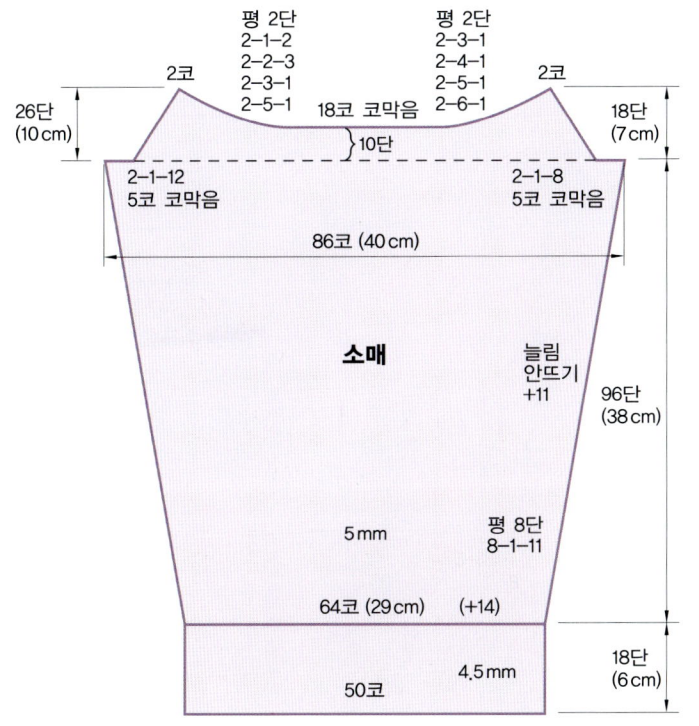
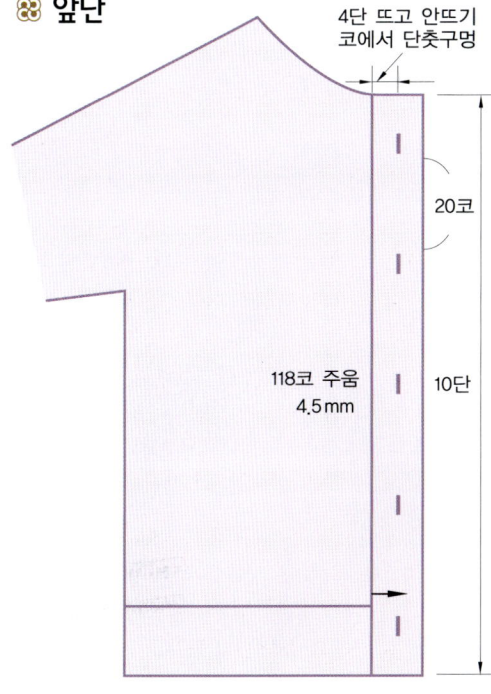

몸판 무늬

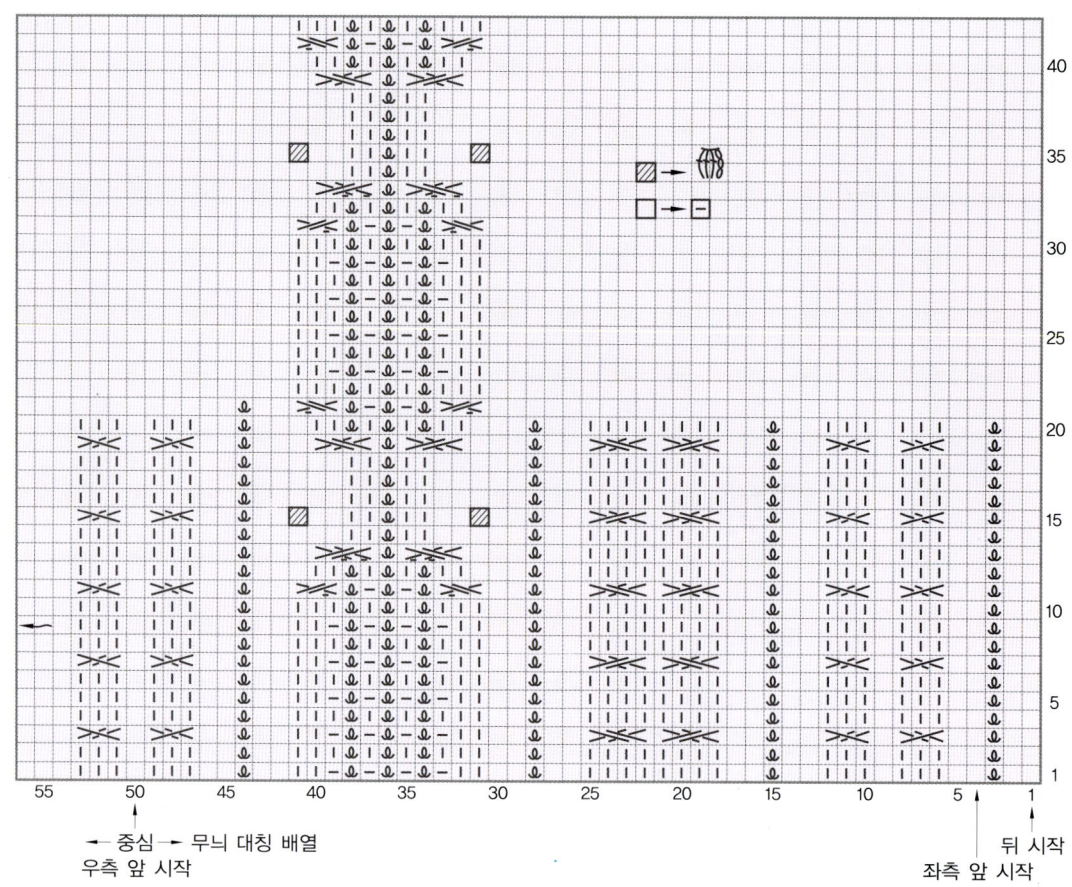

← 중심 → 무늬 대칭 배열
우측 앞 시작

뒤 시작
좌측 앞 시작

소매

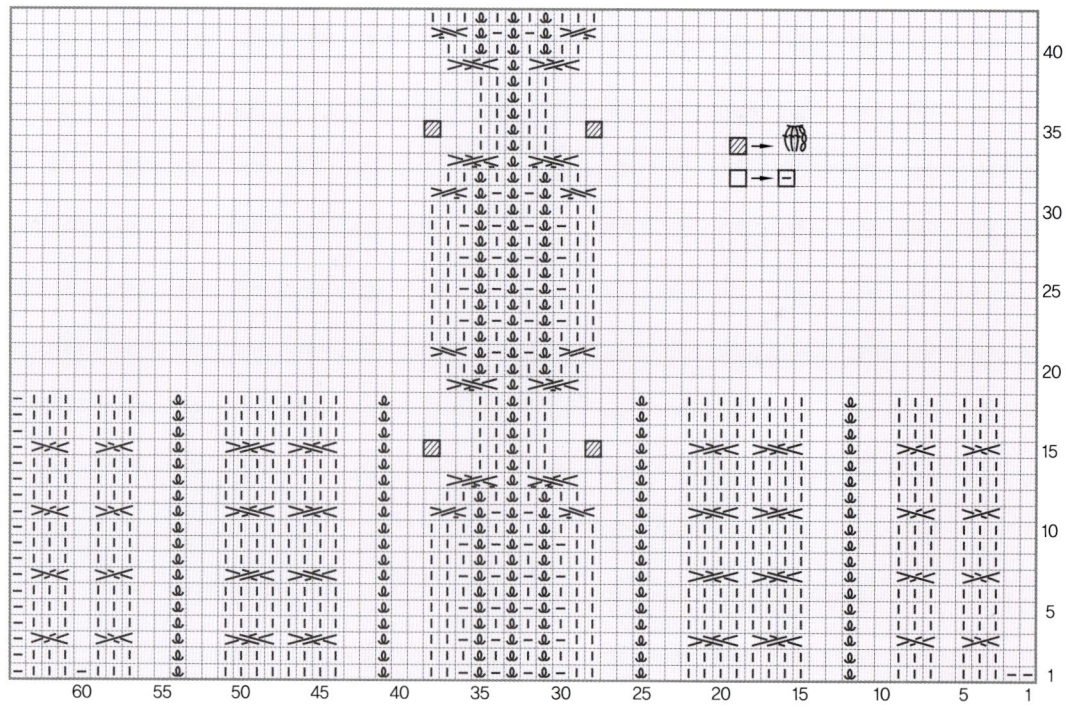

밑단, 소맷단, 앞단

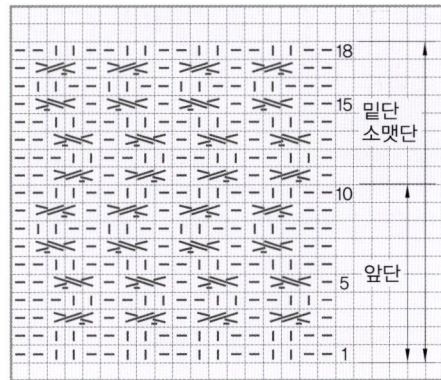

단춧구멍

2코막음하고
돌아올 때
2코를 만들어 준다.

칼라

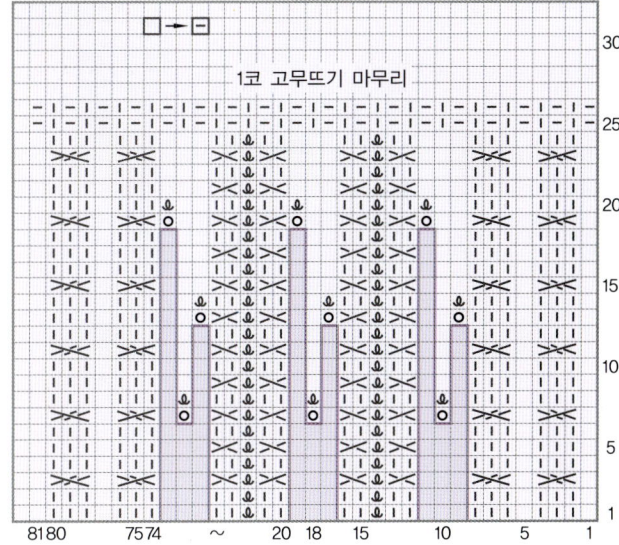

요크 무늬 (빈칸은 줄여서 없어지는 코)

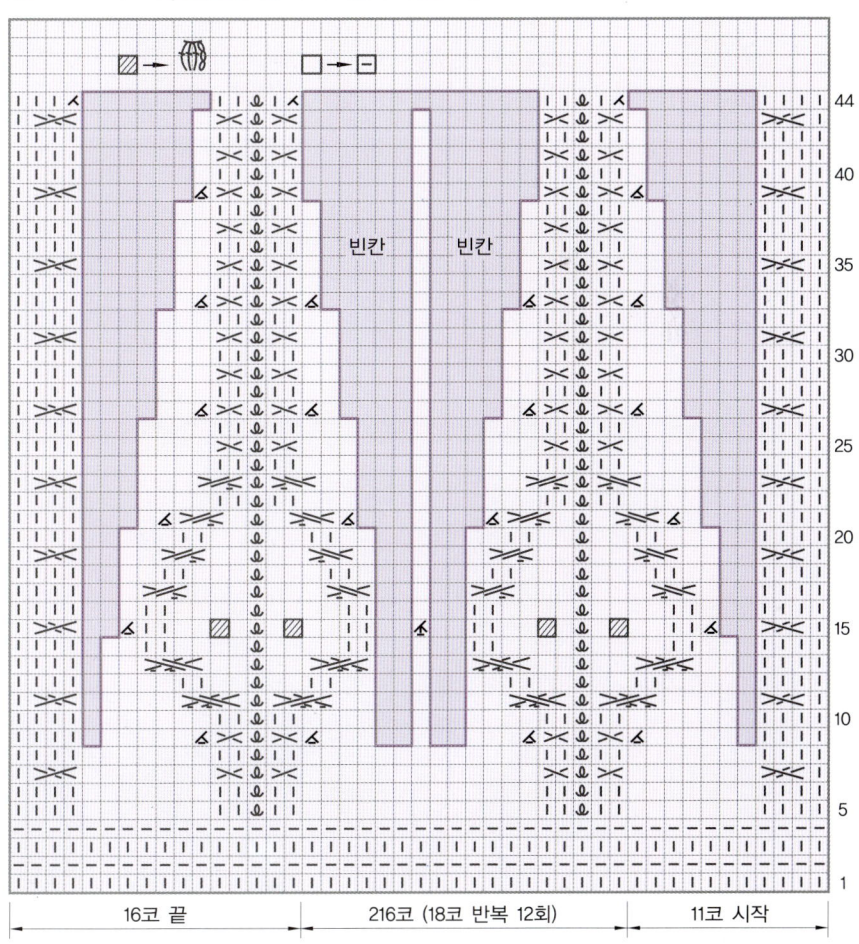

Raglan pull-over for man

knitting 12

래글런 풀오버 (남성용)

사랑하는 남자친구 혹은 남편을 감동시키는 선물 중 이만한 것이 또 있을까?
노란 은행잎 색깔의 풀오버가 낙엽 지는 가을부터 한겨울까지 한 여인의 따뜻한
사랑을 느끼게 한다.

1. 2코 고무뜨기로 마무리한 칼라
2. 몸판 무늬
3. 래글런 라인은 꽈배기 무늬를 살려 줄인다.
4. 2코 고무뜨기 밑단에서 무늬뜨기의 연결

남자 래글런 풀오버

| 완성 치수 |

가슴둘레 ······ 108cm
소매길이 ······ 76cm
옷길이 ········ 68cm

| 게이지 |

무늬 10cm² ···· 21코×24단

| 재료와 도구 |

실 ············ 순모 1,150g
바늘 ········· 대바늘 4.5mm, 5.5mm

 뜨는 방법

1. 뒤판은 4.5mm 대바늘로 110코를 2코 고무뜨기코로 잡아 14단을 뜬다. 5.5mm 대바늘로 바꿔 4코를 분산 늘림하여 114코를 만든다. 양 옆은 7코씩 메리야스뜨기를 하고, 중앙 100코를 무늬뜨기 한다.

2. 진동은 8코를 코막음한 뒤 그림을 참조하여 서서히 줄이고, 뒷목 32코는 코막음을 한다.

3. 앞판은 뒤판과 같으나 진동 줄임코는 뒤와 다름에 유념한다. 목선은 둥글게 파 준다.

4. 소매는 그림처럼 늘리며 뜨고, 진동 부분의 좌우는 몸판의 뒤와 앞의 진동 줄임과 동일하게 해 준다.

5. 뒤판과 소매 뒷부분, 앞판과 소매 앞부분을 진동라인 꽈배기무늬를 살려 예쁘게 잇고 옆 솔기를 이어 준다.

6. 칼라는 뒤와 앞, 소매쪽에서 그림처럼 4.5mm 대바늘로 코를 주워 2코 고무뜨기 20단을 뜨고, 5.5mm 대바늘로 바꿔 20단을 뜬 다음, 2코 고무뜨기 마무리를 느슨하게 해 준다.

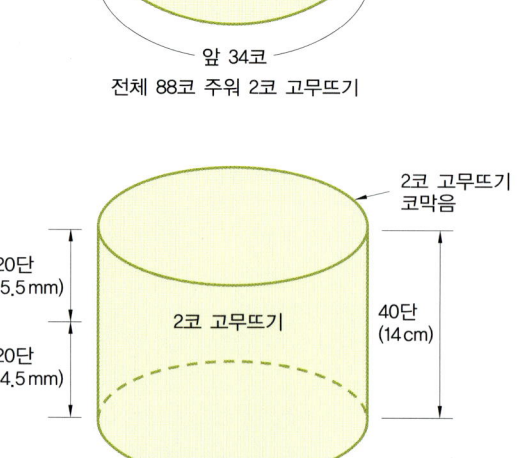

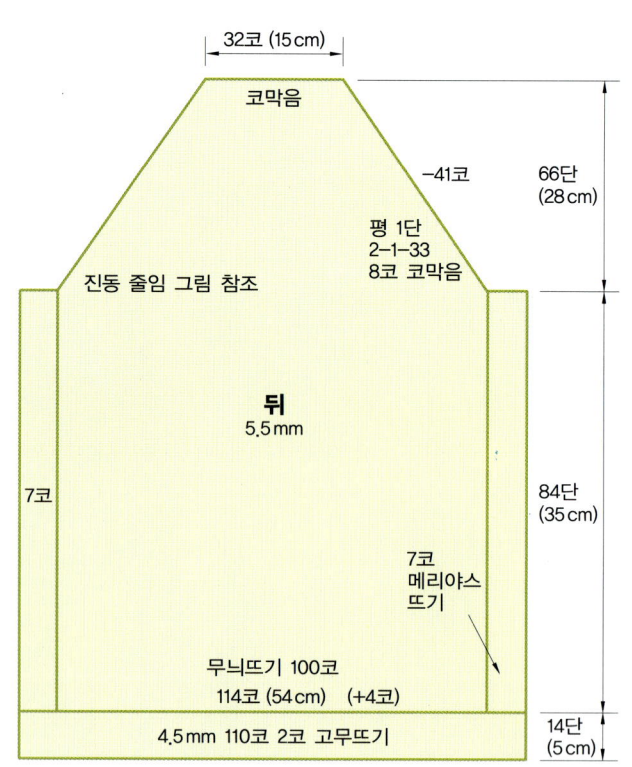

봄·여름 손뜨개

knit for spring & summer

1_ 크로세 레이시 니트
2_ 간절기용 스웨터
3_ 큐티 & 섹시 볼레로
4_ 레이시 스웨터
5_ 웨이브무늬 재킷
6_ 섬머 롱코트
7_ 그레이 투피스
8_ 섹시 톱
9_ 반소매 톱
10_ 파도무늬 원피스
11_ 보석 장식 원피스
12_ 그린 투피스

Crochet lacy knit

knitting 1

크로세 레이시 니트

단순한 무늬로 코바늘뜨기의 매력을 최대한 살린 니트이다.
몸에 딱 맞는 옷이므로 신축성 있는 소재를 선택한다.

1. 네크라인은 늘어지지 않게 주의
2. 몸판 무늬
3. 밑단 레이스
4. 소매 레이스

크로셰 레이시 니트

| 완성 치수 |
가슴둘레 ······ Small 85cm
　　　　　　 Medium 90cm

| 게이지 |
한 무늬의 왕복 2단을 1단으로 인정하여 10cm² 9세트 무늬 9.2단을 게이지로 함

| 재료와 도구 |
실 ················ 면혼방사 400g
바늘 ··········· 코바늘 모사용 3호

뜨는 방법

1. 코바늘뜨기의 경우 개인차가 크므로 반드시 게이지를 가로, 세로 15cm 정도 뜬 다음 정확히 계산해야 한다.
2. 자신에 맞는 사이즈를 찾아 솔기 없이 원통뜨기로 하되, 나선형으로 돌지 않도록 한다.
3. 몸판 무늬를 뜨면서 앞·뒤의 다트를 넣어 준다.
   이 옷의 특성은 앞·뒤의 다트와 밑단의 레이스 때문에 옷을 입었을 때 허리 라인이 자연스럽게 살아난다.
4. 진동을 파면서 앞판과 뒤판을 나눌 때 뒤판을 2무늬 넓게 잡아주고, 2무늬의 차는 뒷목에서 더 줄여 준다.
   인체 구조상 앞품보다 뒷품이 크므로 뒷품을 약간 넓게 잡아주는 것이 착용감도 좋고 실루엣도 안정감이 있다.
5. 몸판을 뜨고 난 후 화살표 방향대로 레이스를 떠 준다.
6. 소매의 레이스는 원하는 길이에 맞게 조절한다.
7. 옷을 뒤집어 양 어깨와 소매를 최대한 솔기가 얇게 생기도록 한 가닥씩 잡아 빼뜨기로 잇는다.
8. 네크라인 레이스는 너무 늘어지지 않도록 탄력있게 뜬다.

Point
나선형으로 한 방향으로만 뜰 경우 코바늘뜨기의 특성상 무늬가 오른쪽으로 기울어진다. 무늬의 화살표 방향에 유의한다.

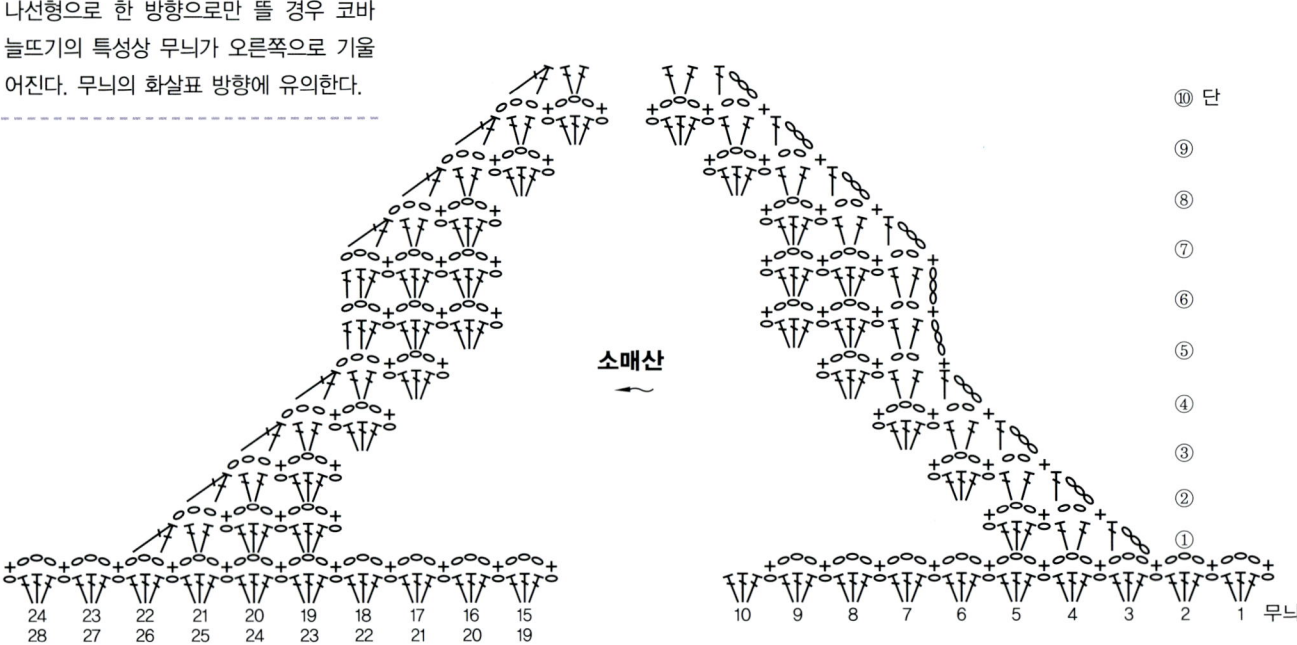

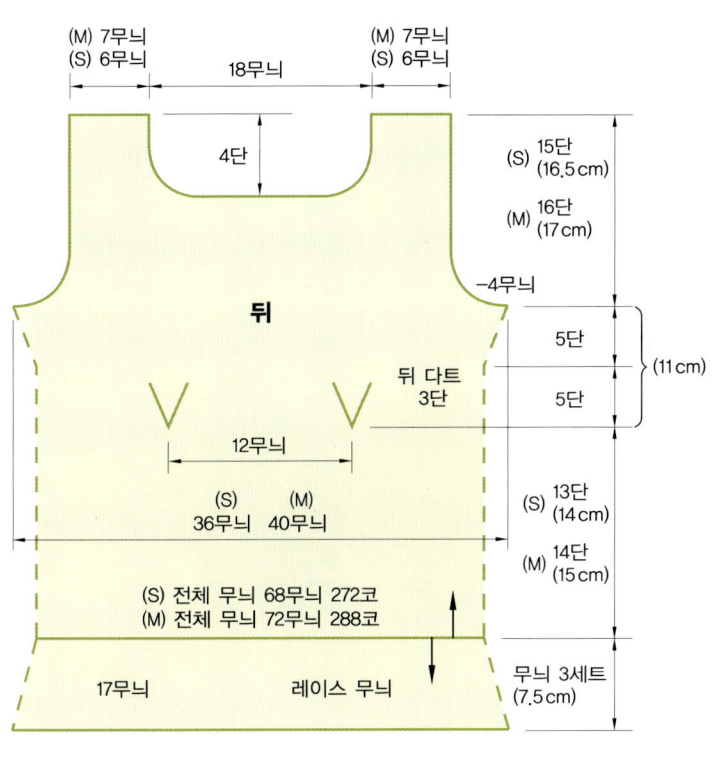

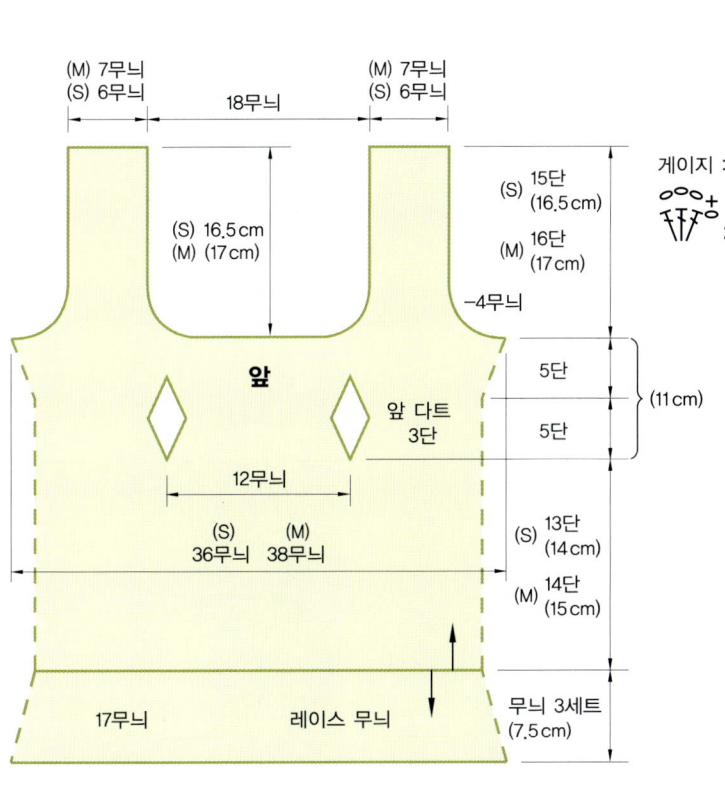

게이지 : 9무늬 9.2단

2단을 1단으로 함

전문가들만 아는 노하우

♥ 코와 단의 영문 표기

한글로 '코', '단'이라고 쓰는 것보다 'k', 'd'라고 쓰여진 것을 가끔 보게 된다.

그 'k'와 'd'는 한글 발음 그대로 코와 단의 이니셜쯤으로 사용한다.

그런데 영문 표기로 하려면 코는 Knit의 짜다라는 의미의 'K'도 쓰이지만, Stitch의 'S'로도 많이 표기한다. 단, Row의 횡렬이라는 의미로 'R'로 표기한다.

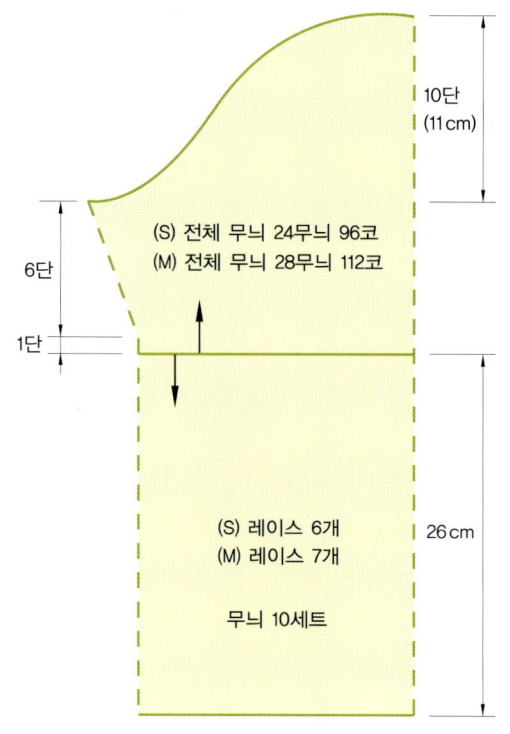

Point

모두 원통뜨기이다. 양어깨와 소매만 빼뜨기로 이어 준다. 몸판을 먼저 뜨고 레이스를 밑으로 뜬다.

❀ **몸판 무늬**

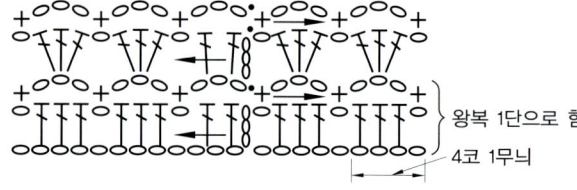

왕복 1단으로 함
4코 1무늬

❀ **목부분 레이스**

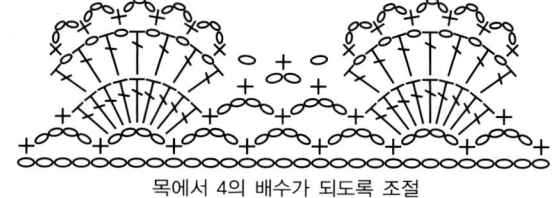

목에서 4의 배수가 되도록 조절

❀ **레이스**

❀ **뒤 다트**

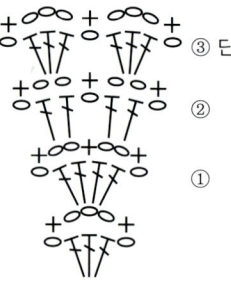

✿ 앞 다트

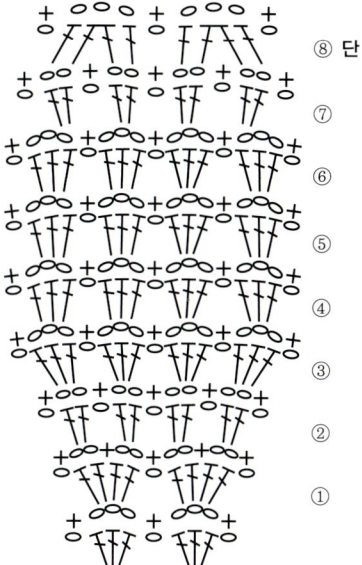

⑧ 단
⑦
⑥
⑤
④
③
②
①

✿ 소매 늘림

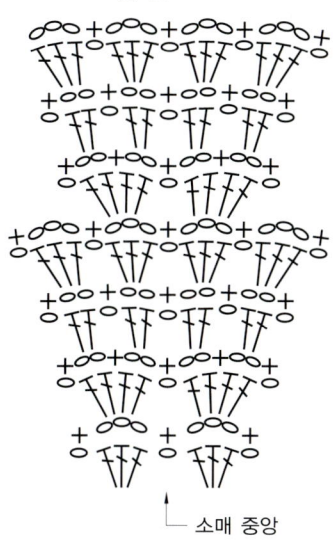

↳ 소매 중앙

✿ 옆 늘림

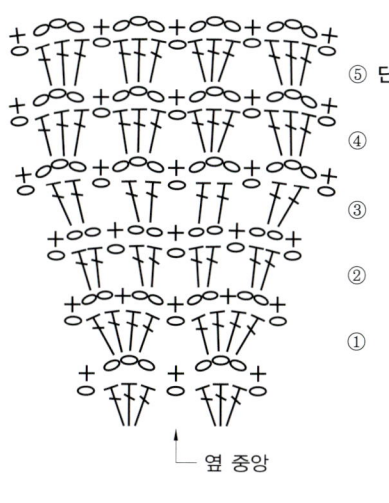

⑤ 단
④
③
②
①

↳ 옆 중앙

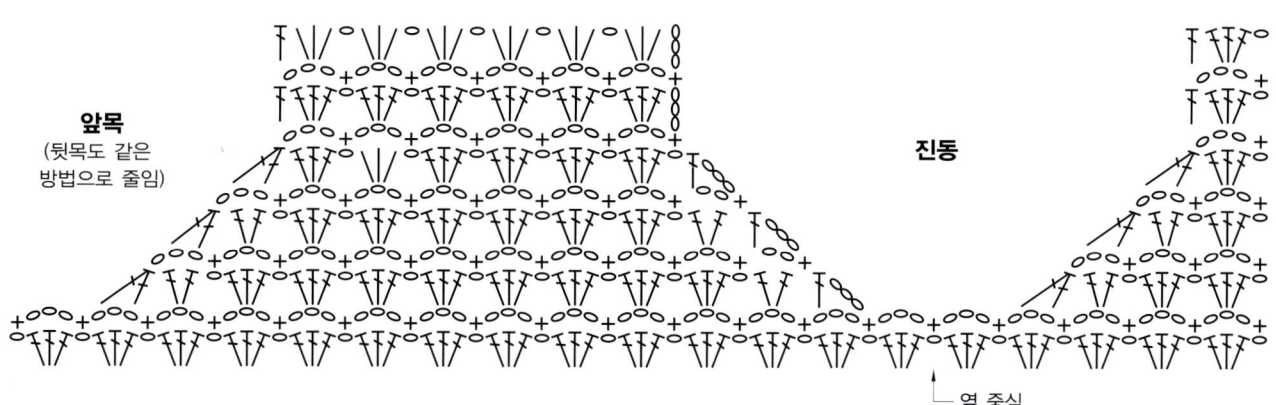

앞목
(뒷목도 같은 방법으로 줄임)

진동

↳ 옆 중심

Sweater for between the seasons

간절기용 스웨터

knitting 2

봄과 여름 사이, 여름과 가을 사이에 일교차가 커서 옷 입기 애매한 계절에
적당한 스웨터이다. 더운 한낮에는 단추를 풀거나 벗어서 들고 다닐 수 있다.

1. 앞단 마무리로 밑단과 동일하게
2. 앞판 벌집 무늬
3. 밑단은 일반코 잡아 시작
4. 소매는 밑단과 동일하게

간절기용 스웨터

| 완성 치수 |
Small, Large 2개 사이즈
도안상 표기

| 게이지 |
메리야스뜨기 10cm² ····· 17코×25단
무늬뜨기 17코는 6.5cm

| 재료와 도구 |
실 ············ 면사 500g
단추 ········ 4개(지름 20mm)
바늘 ········ 대바늘 4.5mm, 5mm

 뜨는 방법

1. 뒤판은 4.5mm 대바늘로 일반코를 잡아 밑단을 뜨고, 5mm 대바늘로 바꿔 몸판을 뜬다.
2. 앞판은 뒤판과 같이 시작하여 무늬뜨기 17코와 메리야스뜨기를 배열하면서 뜬다.
3. 소매를 뜬다.
4. 어깨를 잇고 옆 솔기를 이은 다음, 소매를 달아 준다.
5. 앞단과 목에서 표기된 콧수대로 코를 줍고, 그림대로 뜨면서 오른쪽 중앙 4군데에 단춧구멍을 내 준다.

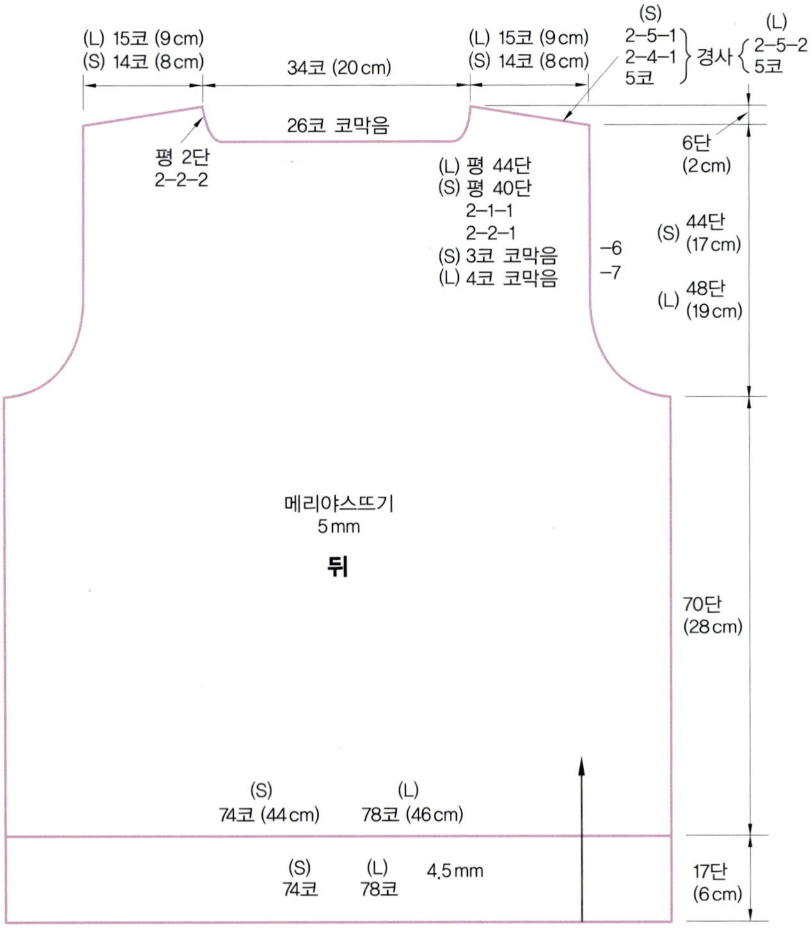

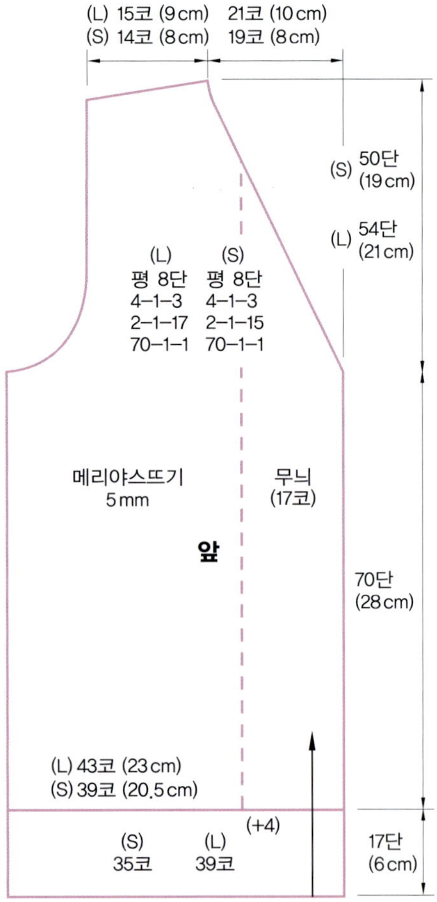

앞단 코줍기

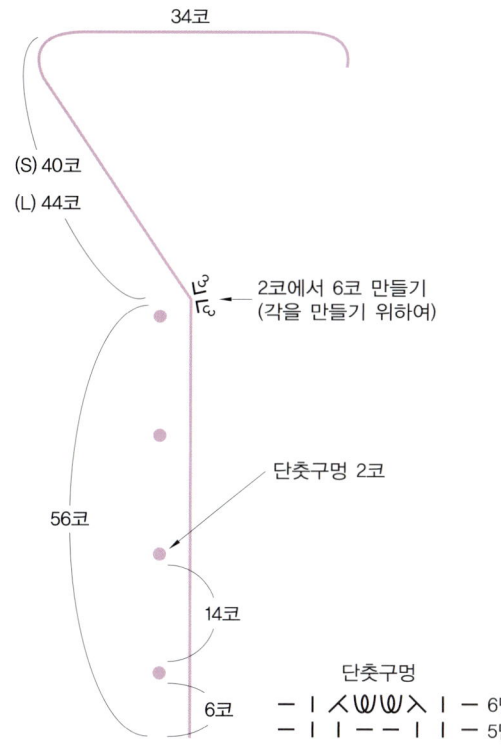

앞판 무늬

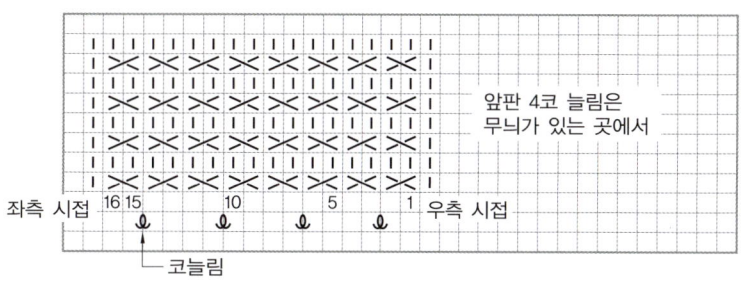

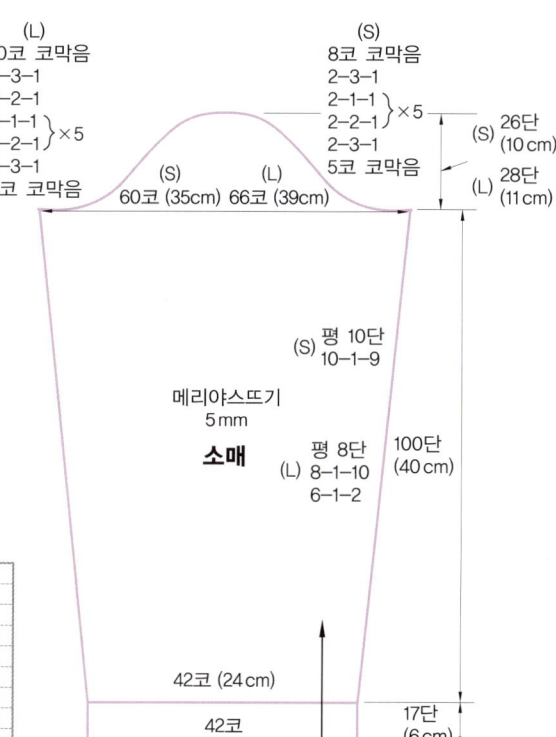

고무단

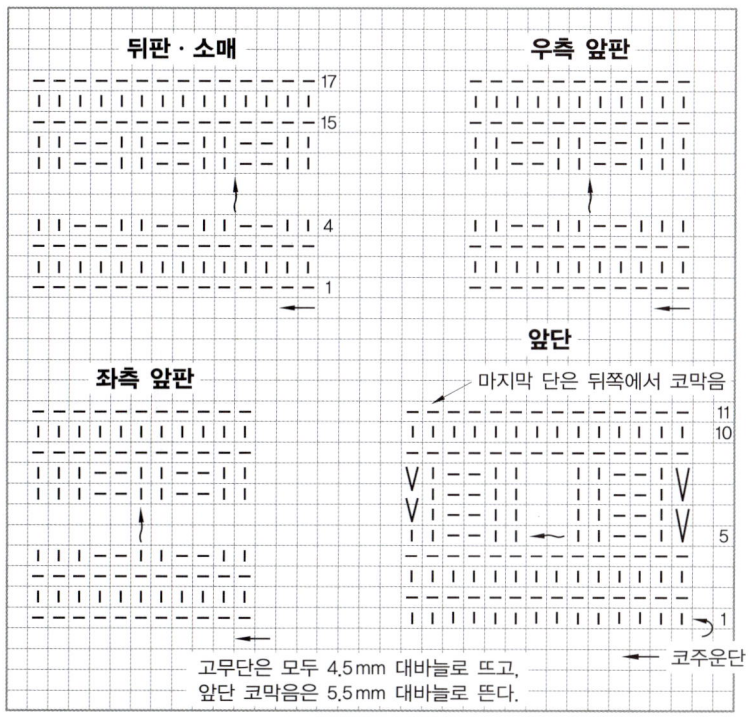

Cutie & sexy bolero

knitting 3

큐티 & 섹시 볼레로

베지터블 칼라의 귀여운 볼레로이다. 매끄러움보다는 투박한 질감의 실을 선택하여 빈티지 이미지를 연출했다.

1. 칼라를 넓게 떠서 귀엽게
2. 몸판 무늬
3. 밑단과 앞단, 단추는 큰 것으로 달아 귀엽게
4. 밑단과 소맷단의 시작은 일반코로

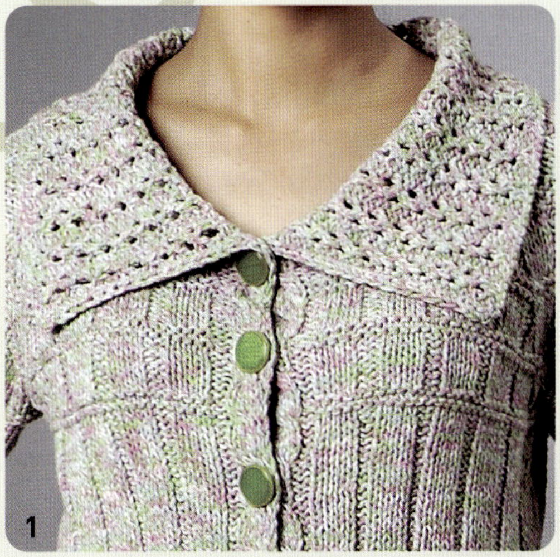
1

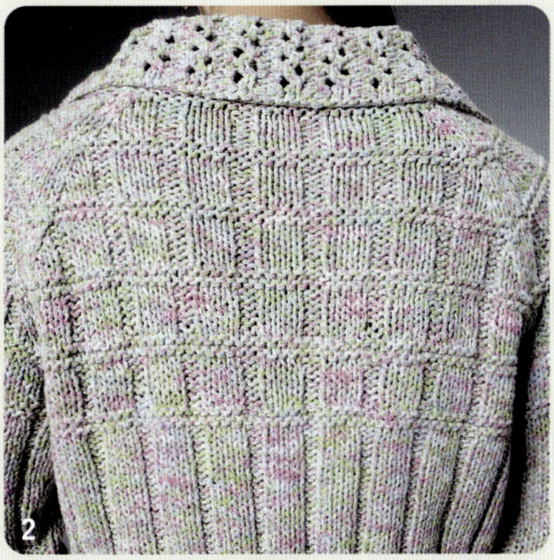
2

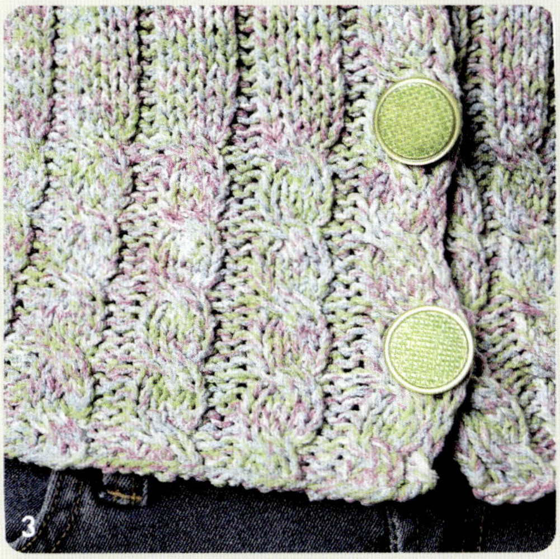
3

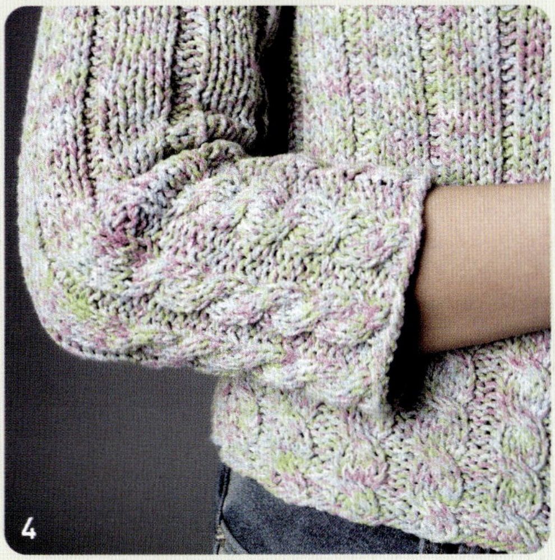
4

큐티 & 섹시 볼레로

| 완성 치수 |

Small, Large 2개 사이즈
도안상 표기

| 게이지 |

B, C, D 무늬 10cm² ··· 18코×25단

| 재료와 도구 |

실 ················ 면사 600g(2겹 사용)
단추 ············ 5개(지름 20mm)
바늘 ············ 대바늘 4mm, 4.5mm, 5mm

뜨는 방법

1. 뒤판은 4.5mm 대바늘로 무늬뜨기 A를 28단 뜨고, 5mm 대바늘로 바꿔 무늬뜨기 B를 한다.
2. 진동은 무늬뜨기 C를 하면서 3코를 막음하고 2코 세워줄임 한다.
3. 앞판은 뒤와 동일하나 앞단을 꽈배기무늬로 동시에 떠올라가면서 오른쪽은 단춧구멍을 내 준다.
앞목은 쉼코 줄임하여 오픈하였을 때 솔기가 보이지 않도록 한다.
4. 소매의 진동은 좌우 양쪽을 몸판의 앞·뒤와 동일하게 줄인다.
5. 뒤판 진동과 소매 뒷부분의 진동, 앞판과 소매 앞부분의 진동을 먼저 잇고 솔기를 잇는다.
6. 칼라는 옷의 안쪽을 보면서 코를 주워 솔기가 겉에 생기도록 한다.
양쪽 앞목은 쉼코 20코(24코) 사이에서 8코(6코)를 더 주워 올려 각각 28코(30코)를 만들고 소매에서 13코(10코)씩, 뒷목에서 28코(30코)를 주워 12단마다 바늘을 바꿔가며 무늬뜨기 D를 한다.
칼라의 마무리는 항상 느슨하게 한다.

Point

쉼코 줄임 : 어깨 경사뜨기와 동일하다.

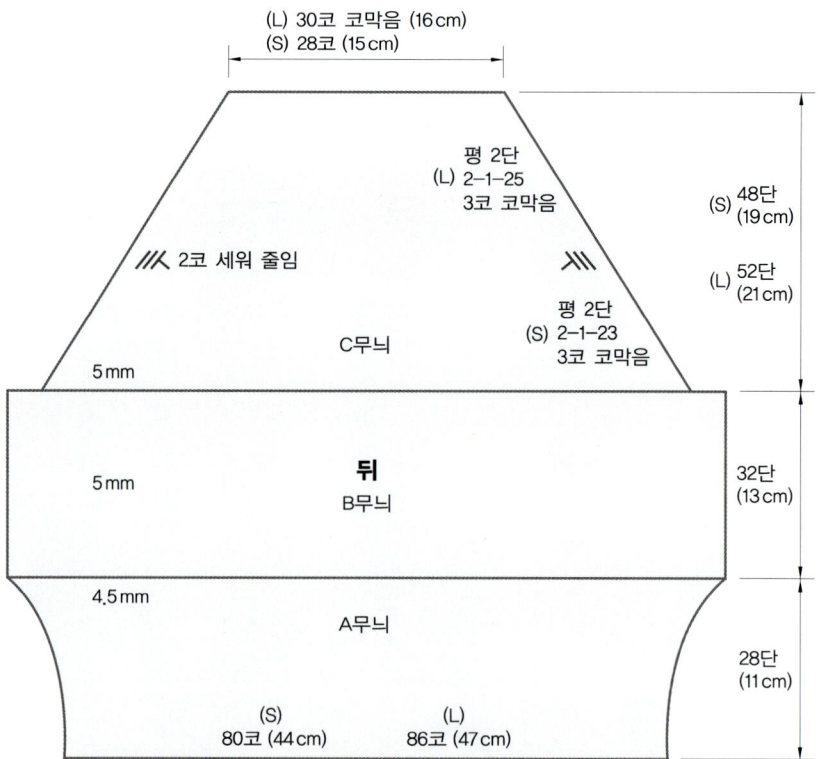

레이시 스웨터

knitting 4

화려한 레이스 무늬의 얇은 대바늘뜨기 스웨터이다. 어떠한 차림에도 잘 어울리며, 한겨울 코트 안에 껴입기에도 좋은 하나쯤 꼭 필요한 스웨터이다.

1. 몸판 무늬
2. 앞판은 무늬를 대칭으로
3, 4. 앞단, 밑단, 소맷단 마무리는 코바늘로

레이시 스웨터

| 완성 치수 |
가슴둘레 …… 90cm
소매길이 …… 55cm
옷길이 ……… 56cm

| 게이지 |
무늬뜨기 10cm² ……… 24코×34단

| 재료와 도구 |
실 ………… 모사 400g
단추 ……… 5개(지름 10mm)
바늘 ……… 대바늘 3.5mm,
              코바늘 모사용 3호

 뜨는 방법

1 뒤판과 앞판, 소매 모두 3.5mm 대바늘로 일반코를 잡아 양 옆은 메리야스뜨기, 중앙은 무늬뜨기로 그림과 같이 뜬다.

2 몸판과 소매를 모두 잇는다.

3 몸판과 소매의 전체 아웃라인을 3호 코바늘로 그림과 같이 마무리 하면서, 오른쪽 앞단에는 2단째에 단춧구멍을 내 준다.
솔잎뜨기로 마무리한다.

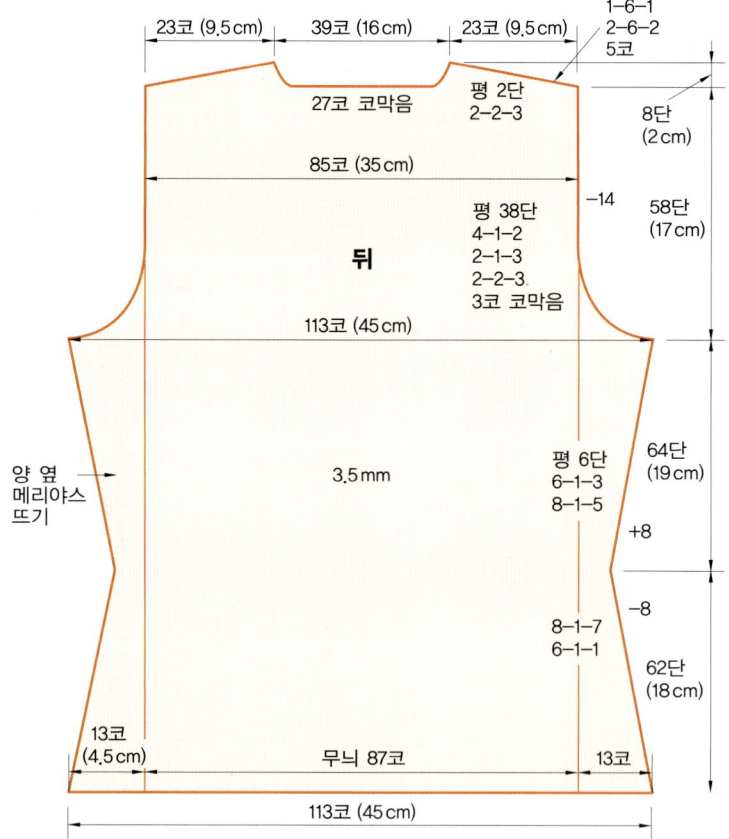

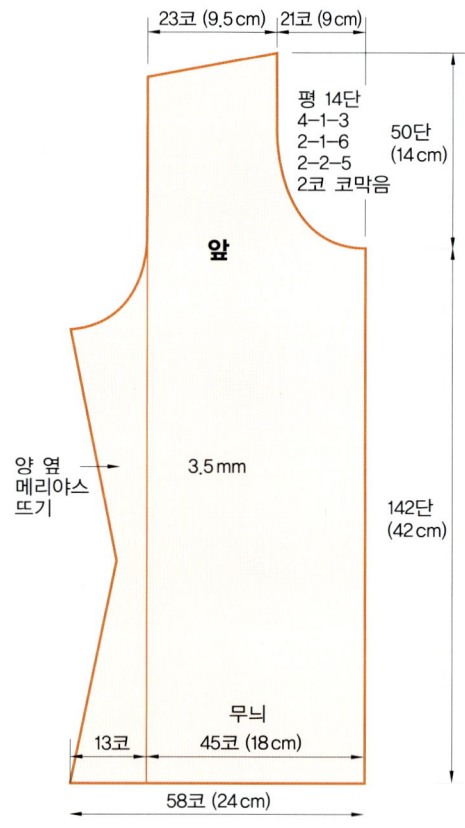

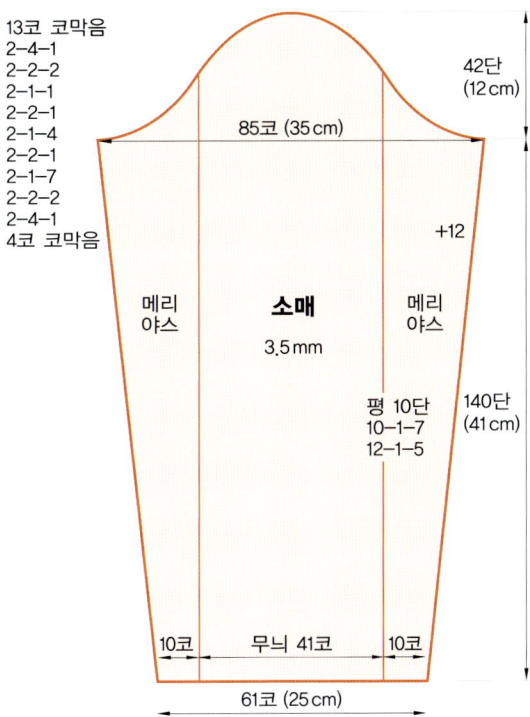

몸판, 소매의 마무리

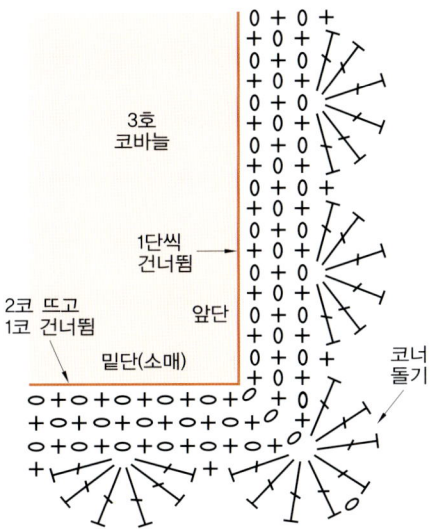

단춧구멍

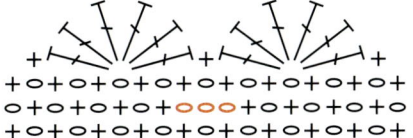

마무리

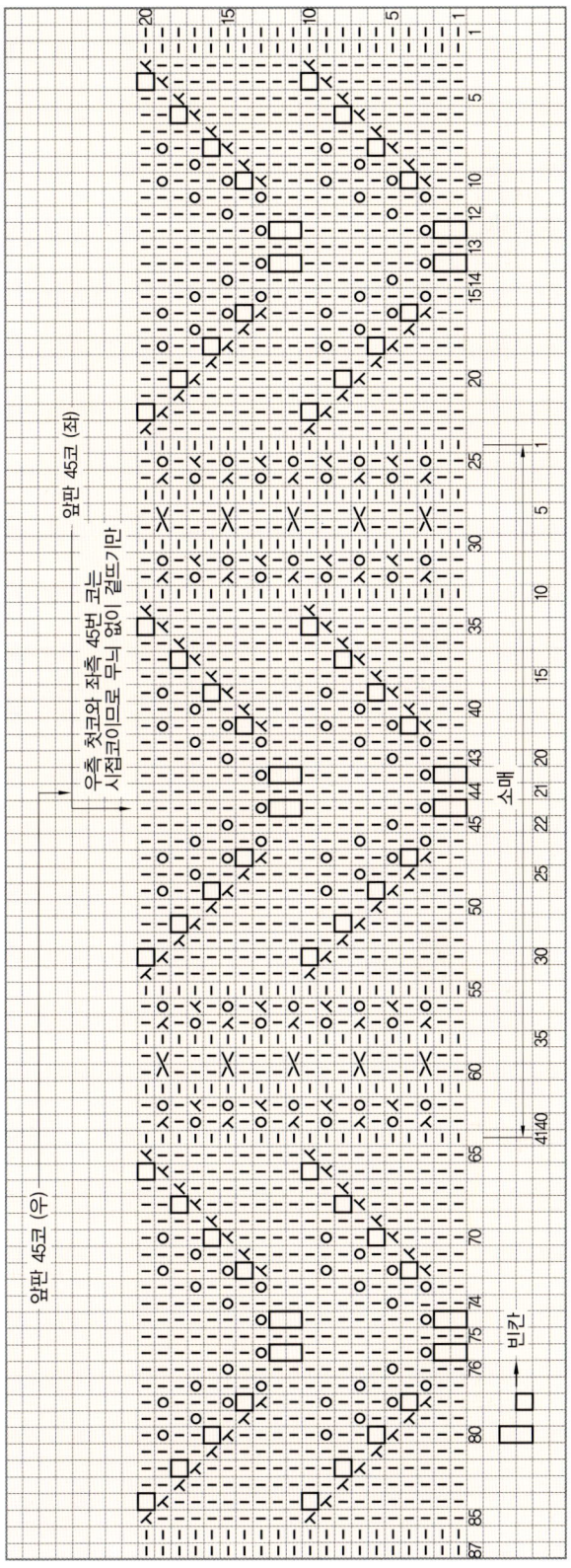

Wave-designed jacket

웨이브무늬 재킷

knitting 5

구불구불한 연속 무늬로 뜬 테일러드 칼라의 재킷이다. 동일 계열 색상의 톱을 받쳐 입고, 스커트나 팬츠를 입으면 한 벌의 정장 차림이 된다.

1. 돌출된 버튼홀로 앞여밈은 살짝 벌어지도록
2. 몸판 무늬
3. 접어 올려 단추를 단 turn-up cuffs
4. 아웃라인 마무리는 3단 겹짧은뜨기

웨이브무늬 재킷

| 완성 치수 |
가슴둘레 ······ 85cm
소매길이 ······ 55cm
옷길이 ········ 51cm

| 게이지 |
20코 1세트 6cm

| 재료와 도구 |
실 ····· 레이온 혼방사(초콜릿색 700g,
　　　　진한 베이지색 150g, 연한 베이
　　　　지색 150g)
단추 ···· 6개(지름 20mm)
바늘 ···· 코바늘 모사용 2호

 뜨는 방법

1. 옆 솔기 없이 몸통 전체로 시작한다.
2. 옆 다트를 진동선까지 그림대로 줄이고 늘리는데, 한 세트 무늬가 서서히 없어졌다가 다시 생기는 형태이다.
3. 한쪽 진동부터 둥글게 파면서 뒤판을 완성하고, 양쪽 앞판을 뜬다.
4. 소매를 그림대로 늘리면서 완성한 다음, 어깨를 빼뜨기로 잇고 소매를 달아 준다.
   소매 중심과 솔기 뒤 사이의 절반 지점에서 시작하여 커프스를 그림대로 따라 뜨고, 위로 접어 커프스 단추를 달아 준다.
5. 칼라는 시작점과 끝점을 잘 맞추고, 중앙 부분을 늘려 뜨면서 자연스럽게 접히도록 한다. 아웃라인은 전체 아웃라인과 같다.
6. 양 옆을 트임으로 하고, 전체를 아웃라인 무늬를 뜨면서 돌출된 단춧구멍 4곳을 만든다.
7. 윗 칼라와 아래 칼라가 아웃라인에서 겹치게 되는데, 아래 칼라가 윗 칼라 위로 포개지게 하여 꿰맨다.
8. 단추를 앞단 끝 부분에 달아 앞판이 여며지지 않게 한다. 단추를 끼웠을 때 살짝 사이가 벌어지는 것이 정상이다.

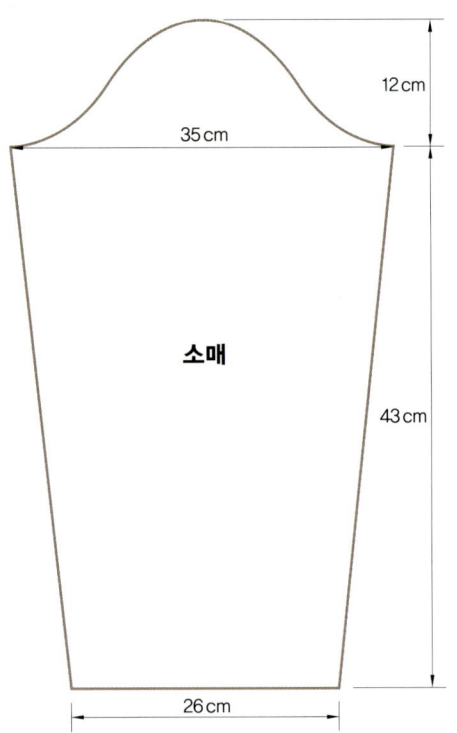

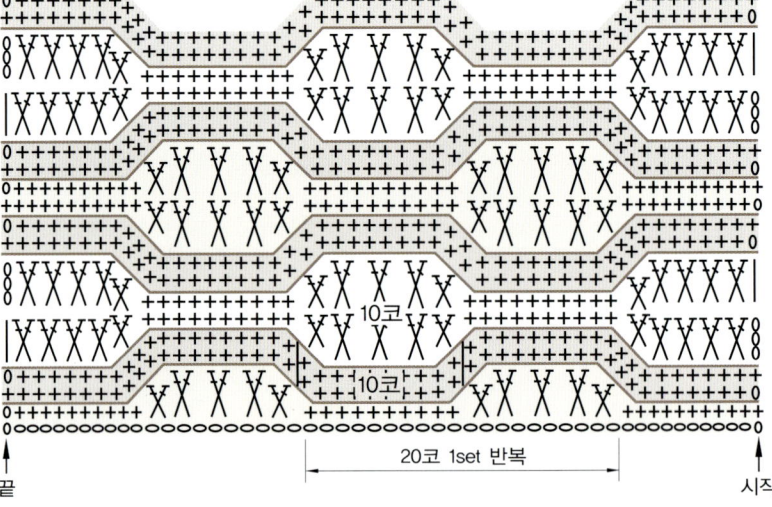

무늬뜨기

턴엎(Turn up) 커프스

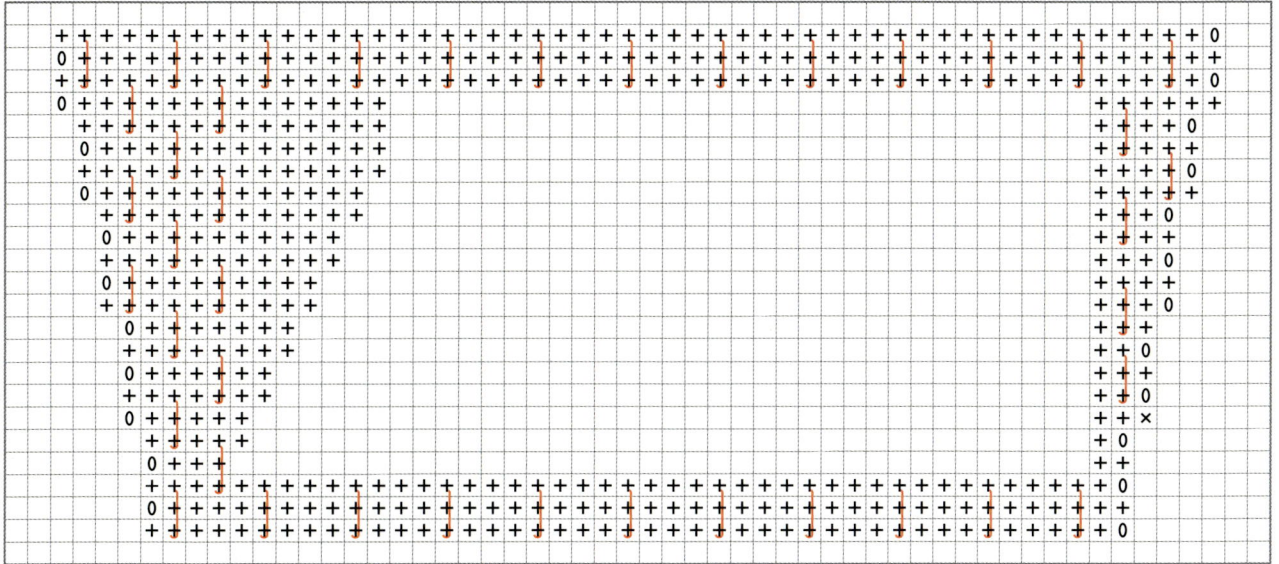

【 편물 용구 】

- **수편기** : 빨리 뜰 수 있는 장점이 있어 여러 장을 뜰 경우에 편리하다. 현재는 거의 동침형(動針型)이며, 편판기(片板機)와 양판기(兩板機)의 2종류가 있다.

- **대바늘** : 대나무·플라스틱·경금속 제품이 있으며 굵기도 다양하다. 캡이 달린 2개가 한 조로 된 바늘은 평면적인 것을 뜰 때 쓰고, 4개가 한 조인 바늘은 캡이 없고 원통형을 뜨는 데 사용한다. 경금속 고리바늘은 바늘 경계부분의 코가 늘어나지 않게 뜨기 위하여 고안된 것으로, 바늘을 바꾸지 않고 원통형으로 뜰 수 있다.

- **코바늘** : 대나무·뿔·금속·플라스틱 제품이 있으며 끝이 갈고리모양으로 되어 있다. 갈고리의 굵기에 따라 금속제는 1~8호까지, 뿔제·플라스틱제·대나무제는 1~12호까지 있고 호수가 클수록 굵어진다. 8호 이상은 아프간바늘을 사용한다.

- **아프간바늘** : 대나무와 경금속제가 있으며 바늘 한끝이 갈고리모양이며, 나머지 한쪽은 뾰족하거나 캡이 달려 있다. 1~12호까지 있으나 15호나 30호 등 굵은 것도 있고, 갈고리가 굵어질수록 호수가 커진다.

- **레이스바늘** : 금속제로 0~12호까지 있으며, 레이스실이나 가는 실을 뜰 때 쓴다.

- **모사 돗바늘** : 바늘귀에 구멍이 세로로 크게 뚫려 있어 털실을 꿰맬 때 사용한다.

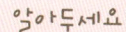

섬머 롱코트

knitting 6

초여름 혹은 인디안 섬머에 빛을 낼 만한 드레시한 롱코트이다.
목과 어깨가 훤히 드러난 원피스 위에 걸쳐 입을 수 있는 패션 리더만의 선택
아이템이다.

1. 깊게 파인 V-neck
2. 자연 이미지의 나무 단추
3. 몸판 무늬
4. 밑단은 자연스러운 웨이브로

섬머 롱코트

| 완성 치수 |
가슴둘레 ······ 90cm
소매길이 ······ 56cm
옷길이 ········· 99cm

| 게이지 |
무늬 10cm² ···· 25코×30단

| 재료와 도구 |
실 ············· 섬머울 700g(2겹 사용)
단추 ·········· 5개
바늘 ·········· 대바늘 4.5mm,
　　　　　　코바늘 모사용 5호

 뜨는 방법

1. 뒤판은 4.5mm 대바늘로 일반코 145코를 잡아 무늬뜨기하면서 안뜨기 라인 12군데를 서서히 줄이면서 허리선까지 뜬다. 진동선까지는 늘림 없이 뜬다.

2. 앞판은 72코를 잡아 무늬뜨기하면서 안뜨기 라인 5군데를 서서히 뒤판과 같이 줄인다.

3. 소매는 82코를 잡아 늘림 없이 평단으로 뜨고, 소매산을 둥글게 줄인다.

4. 양 어깨를 먼저 잇고, 옆 솔기와 소매 순으로 잇는다.

5. 5호 코바늘로 그림과 같이 아웃라인을 뜨면서 오른쪽 앞단 5군데에 단춧구멍을 만든다.

6. 앞단뜨기는 짧은뜨기 1코와 사슬뜨기 1코를 1세트로 앞단에서 99개를 만들고 앞목에서 27개, 뒷목에서 27개를 떠서 늘어지거나 오므라들지 않도록 주의해서 뜬다.

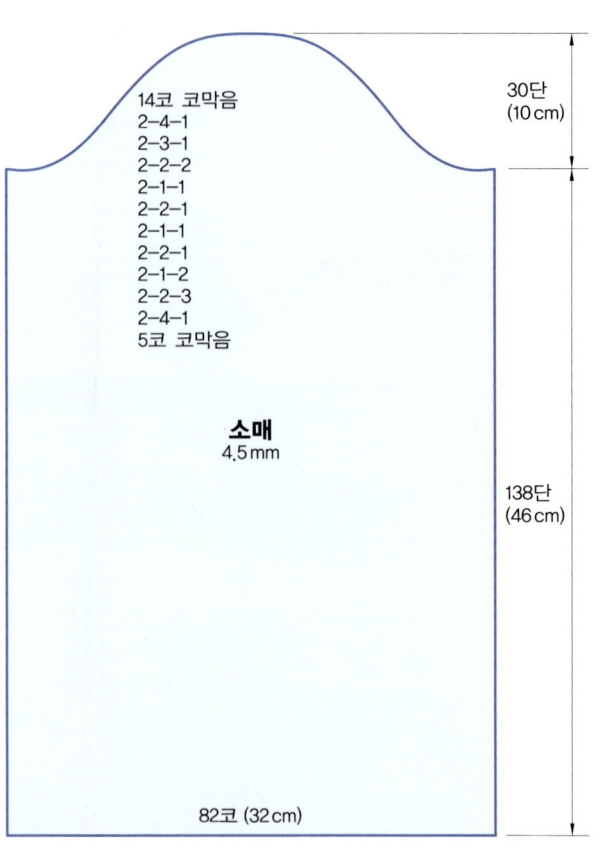

14코 코막음
2-4-1
2-3-1
2-2-2
2-1-1
2-2-1
2-1-1
2-2-1
2-1-2
2-2-3
2-4-1
5코 코막음

소매
4.5mm

30단 (10cm)

138단 (46cm)

82코 (32cm)

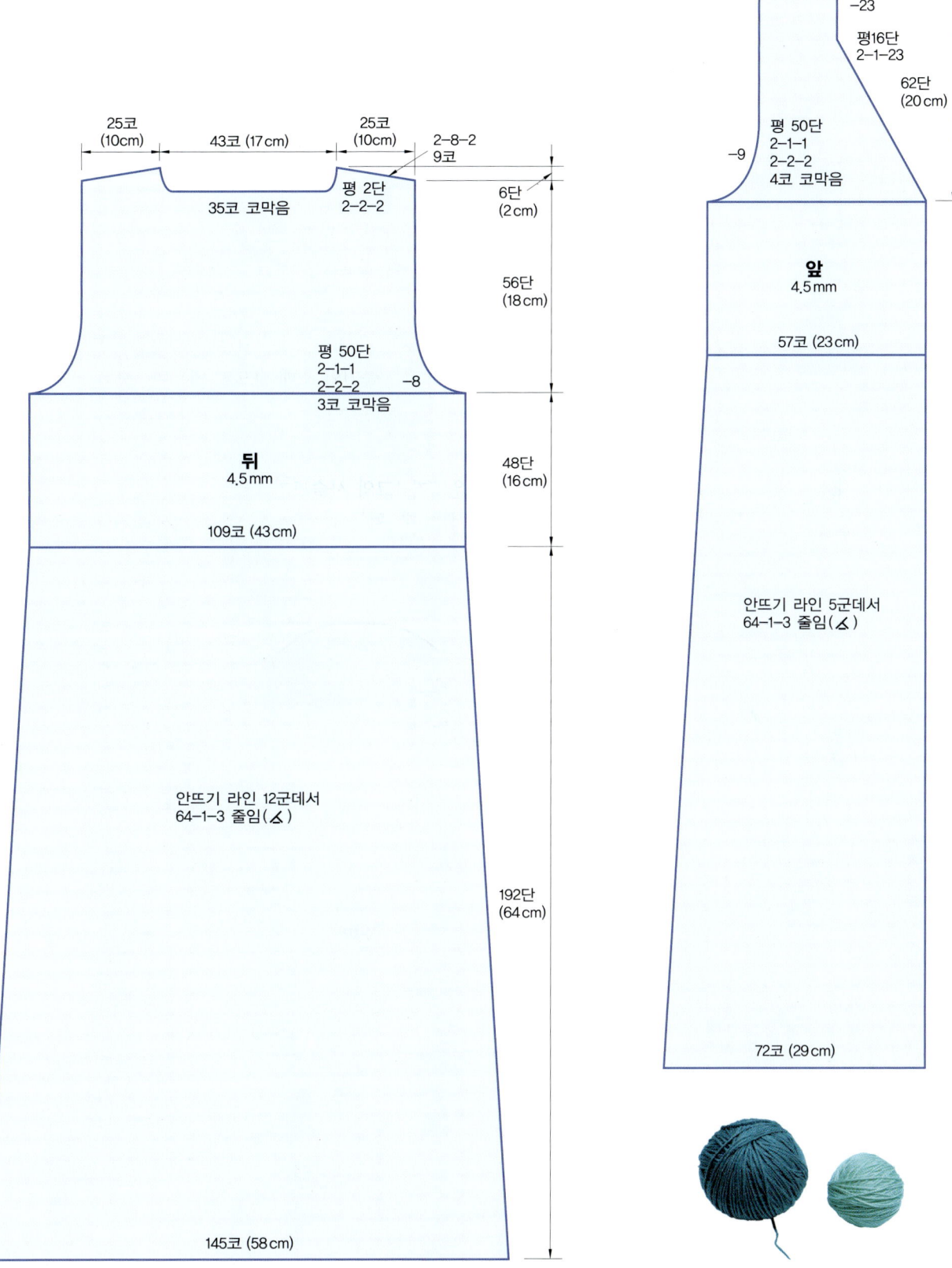

앞단 뜨기

뒤

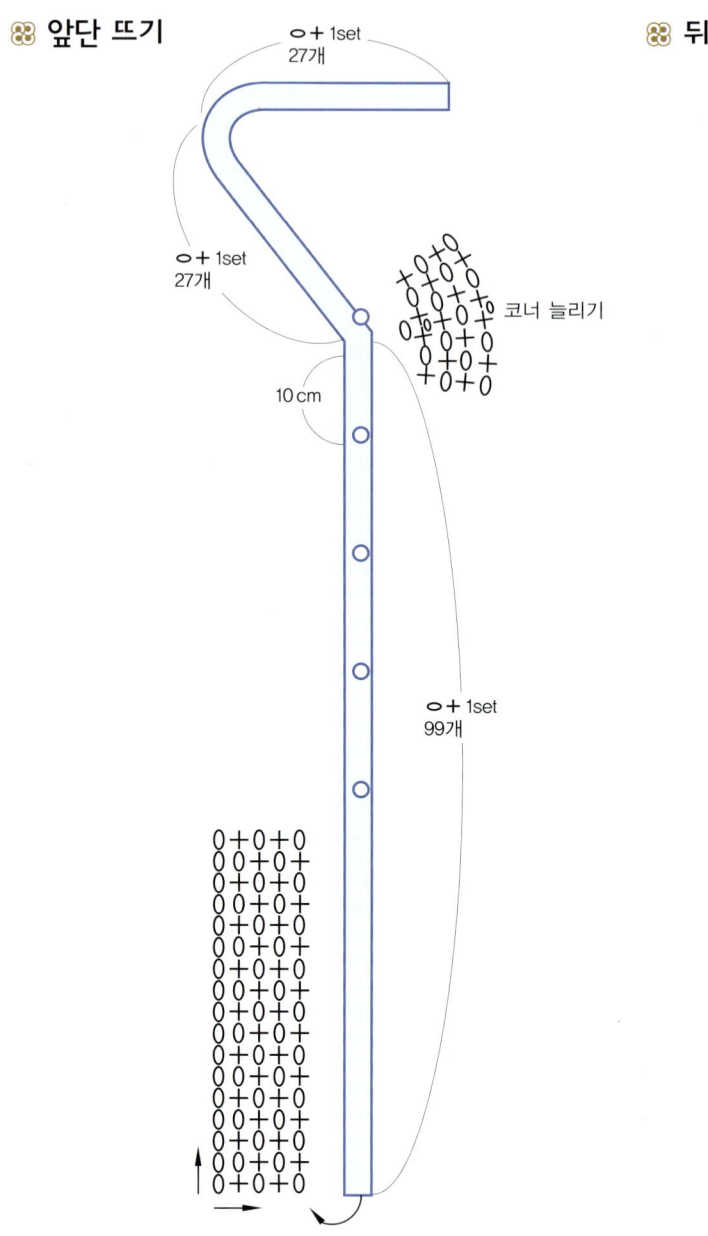
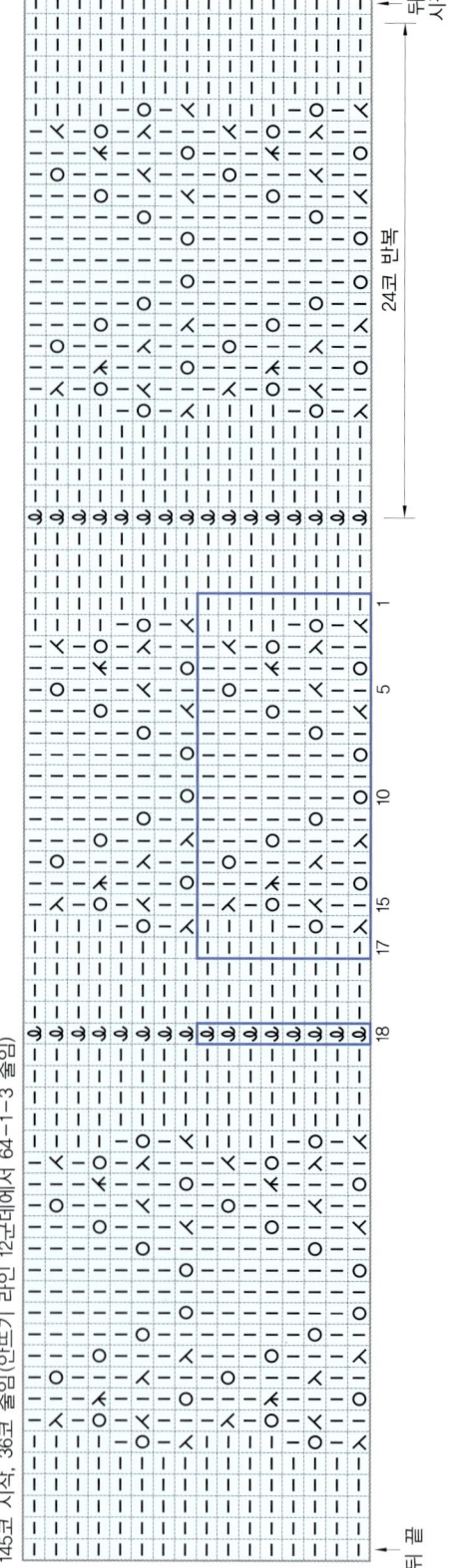

단춧구멍

🌸 앞

72코 시작, 15코 줄임(안뜨기 라인 5군데에서 64-1-3 줄임)

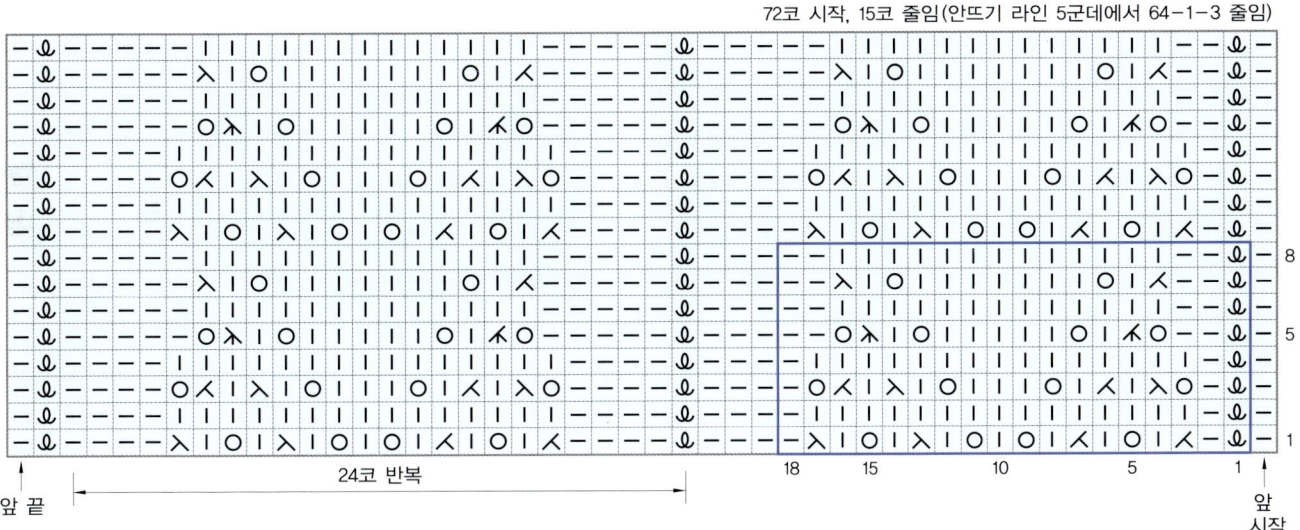

🌸 소매

82코 시작

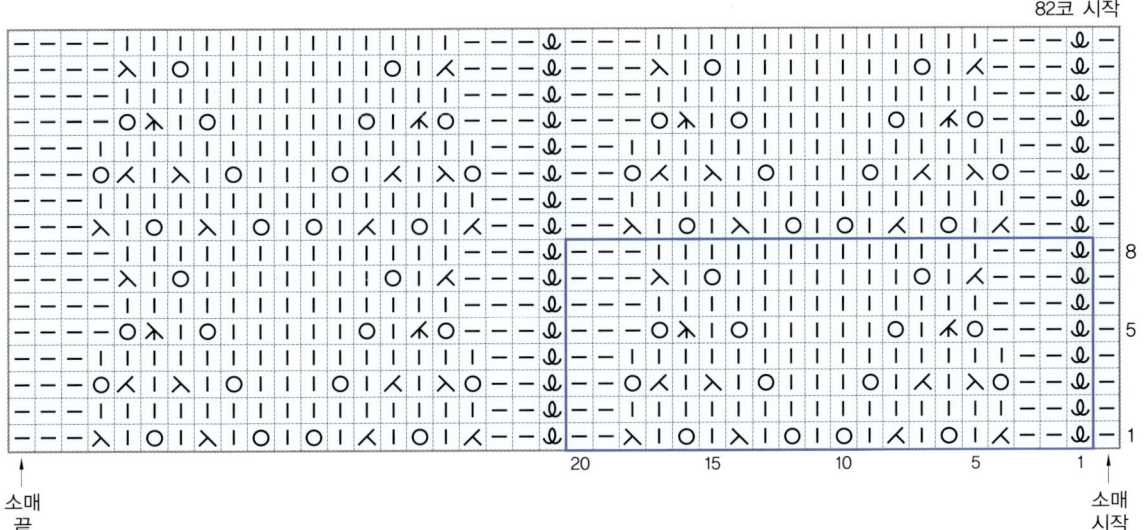

113

Gray two-piece outfit

knitting 7

그레이 투피스

정장으로 입어도 손색없는 코바늘뜨기 투피스이다. 상의는 하나만 입어도
비침이 없도록 하고, 아웃라인에만 포인트를 주었다.
스커트는 스트라이프 무늬로 다리가 길어 보이도록 했다.

1. 약간 깊게 파인 네크라인
2. 왼쪽 가슴에 붙인 장식
3. 몸판 무늬와 아웃라인 레이스
4. 스커트 무늬와 밑단 레이스

그레이 투피스

| 완성 치수 |
| 가슴둘레 ······ 85cm
| 옷길이 ········· 51cm
| 엉덩이둘레··· 90cm
| 스커트길이 ···· 51cm

| 게이지 |
30코×10단(한길 긴뜨기 1단과 짧은뜨기 1단 왕복을 1단으로 인정)

| 재료와 도구 |
실 ············· 레이온 혼방사(진회색 300g, 연회색 300g)
단추 ··········· 5개(지름 10mm)
고무밴드 ······ 폭 2.5cm
바늘 ··········· 코바늘 모사용 2호

 뜨는 방법

● 상의

1. 상의는 연회색으로 앞·뒤판 솔기없이 각 부분의 다트에 유의하면서 뜬다.
2. 양 어깨를 안쪽에서 빼뜨기로 잇는다.
3. 앞단과 네크라인, 진동을 진회색으로 무늬와 같이 마무리한다.
4. 밑단은 진회색으로 레이스뜨기를 한다.
5. 장식을 왼쪽 가슴에 꿰맨다.

❀ 레이스 무늬

❀ 목과 진동 곡선 줄임

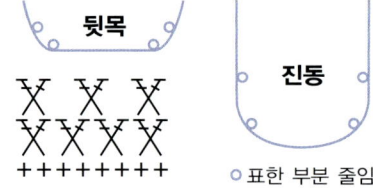

❀ 아웃라인 무늬

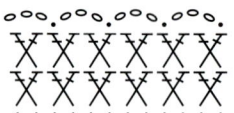

❀ 단춧구멍

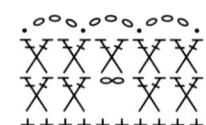

❀ 몸판 무늬

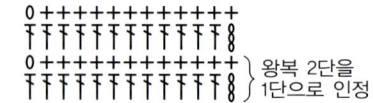

❀ 장식

❀ 무늬 뜨기

- 가운데 둥근 원만 왼쪽 가슴에 꿰맨다.
- 꽃잎은 자연스럽게 말리도록 한다.

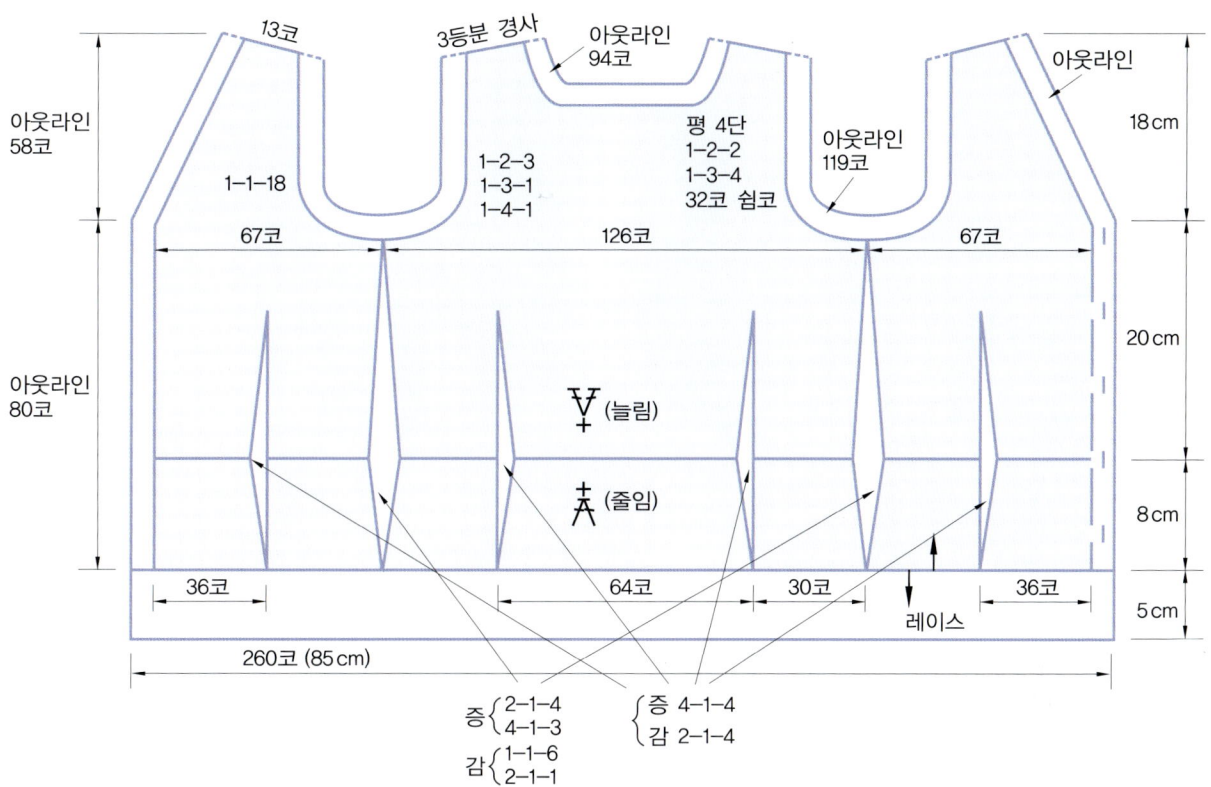

🌰 스커트

1. 스커트는 원통으로 뜨면서 진회색과 연회색을 매 단마다 바꿔 화살표 방향으로 뜬다.
2. 양 옆과 앞·뒤 2군데씩, 모두 6군데의 다트를 그림과 같이 줄인다.
3. 고무밴드 폭의 2배 만큼 허릿단을 뜬 다음, 안으로 접어 입고 벗기 편하도록 고무줄실로 감침질하거나 빼뜨기로 잇되 빼뜨기 사이마다 사슬 1코씩을 떠 준다.
4. 고무밴드를 넣고 나머지를 꿰맨다.
5. 밑단의 레이스뜨기는 상의와 같다.

❀ 다트 줄임

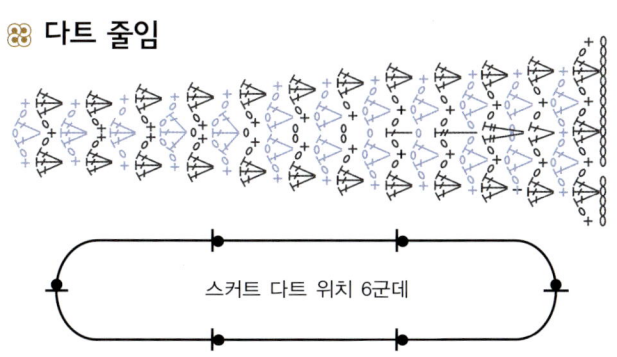

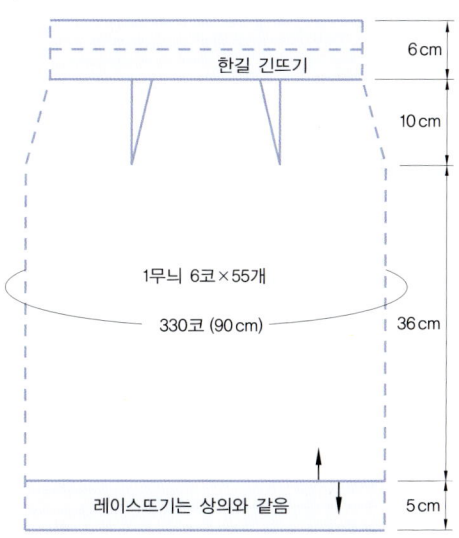

Point

고무줄 넣기: 지금은 보기 힘들지만 옛날 내복 고무줄 꿰는 방법과 같이 큰 옷핀에 고무줄을 꽂고 허릿단 터널을 통과한 다음, 양 끝을 겹치게 하여 박음질한다. 밴드의 올이 풀리지 않도록 끝을 불로 지져 준다.

Sexy top

섹시 톱

knitting 8

브라컵을 입체적으로 떠서 가슴을 강조한 톱이다.
해변에서는 핫팬츠 위에 톱 하나로 과감하게 입고, 평상시에는 카디건 안에 받쳐 입을 수 있다.

1. 입체적으로 뜬 브라컵
2. 몸판 무늬
3. 뒤판 위의 고무단
4. 밑단 시작은 2코 고무뜨기

섹시 톱

| 완성 치수 |
가슴 밑둘레 ·· 72cm
가슴둘레 ······ 85cm
옷길이 ········ 44cm

| 게이지 |
디자인 특성상 생략

| 재료와 도구 |
실 ············ 혼방사 200g(2겹 사용)
바늘 ·········· 대바늘 3mm

뜨는 방법

1. 무늬의 신축성 때문에 바디라인이 살아나므로 가슴 밑둘레를 기준으로 한다.
2. 무늬가 A~F까지 부분별로 다르므로, 전체 도안을 꼼꼼하게 보면서 뜬다.
3. 어깨끈은 가터뜨기로 뜨고 뒤에 잇기 전에 최대한 잡아당겨 입었을 때 늘어나지 않도록 하고, 자신의 몸에 맞게 조절하여 잇는다.
4. 어깨끈을 뒤에 꿰매지 않고 홀터넥 스타일로 목 뒤에 묶을 수도 있다.

뒤

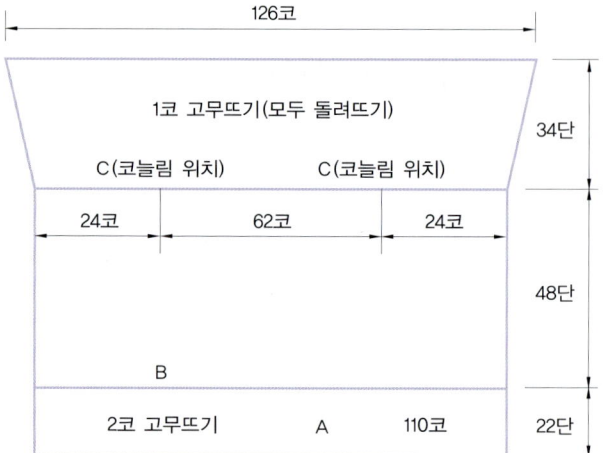

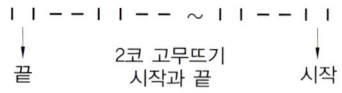

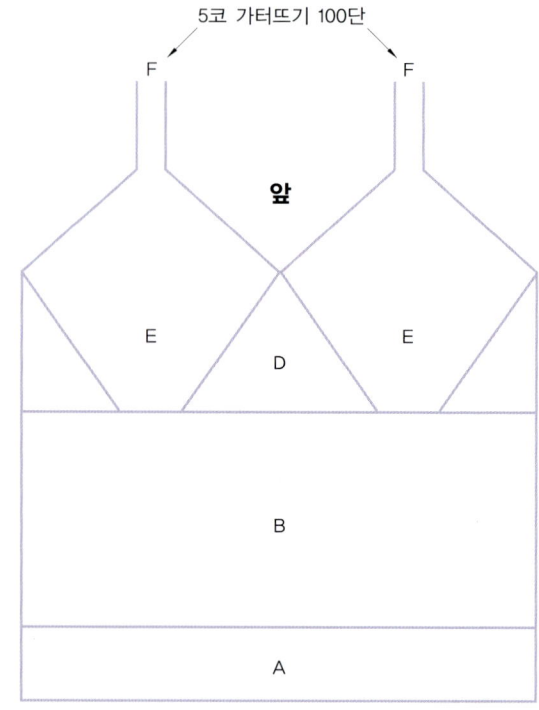

Point

무늬 F : 가터뜨기 5코 110단(몸에 맞게 조절)
가터뜨기는 늘어나므로 손으로 최대한 당겨 늘린 뒤 뒤판에 꿰맨다.

무늬 A

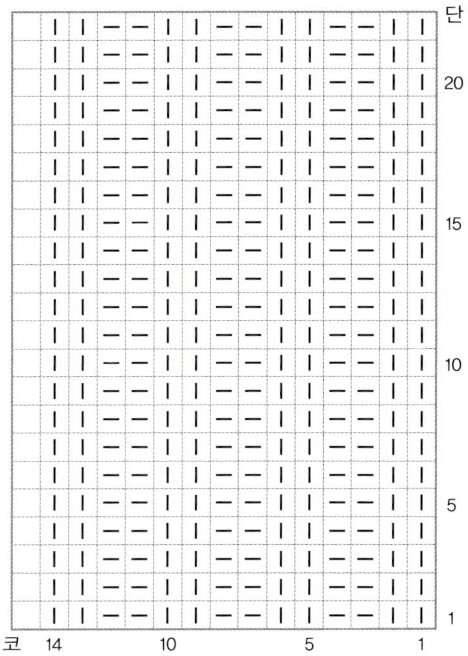

단
20
15
10
5
1
코 14 10 5 1

무늬 B

48
45
40
35
33
앞판 마지막 2단
메리야스뜨기

무늬 B′(1코 고무뜨기로의 무늬 배열)

단
48
45
40
35
30
25
20
15
10
5
1
뒤판
1코 고무단
올라갈 때
12코 1무늬
8번 반복
무늬 A에서
B로 올라갈 때
코 12 10 5 1

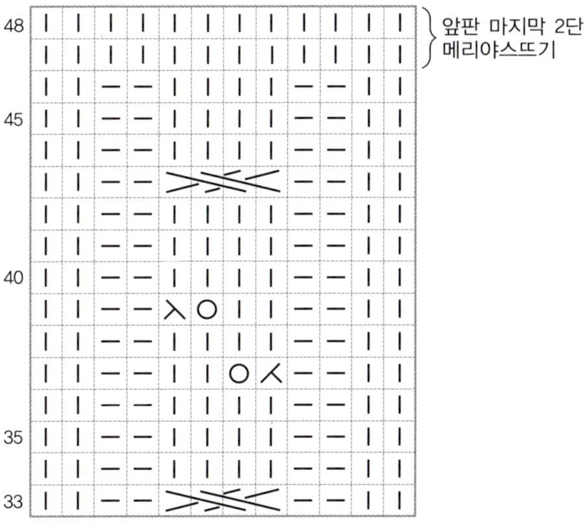

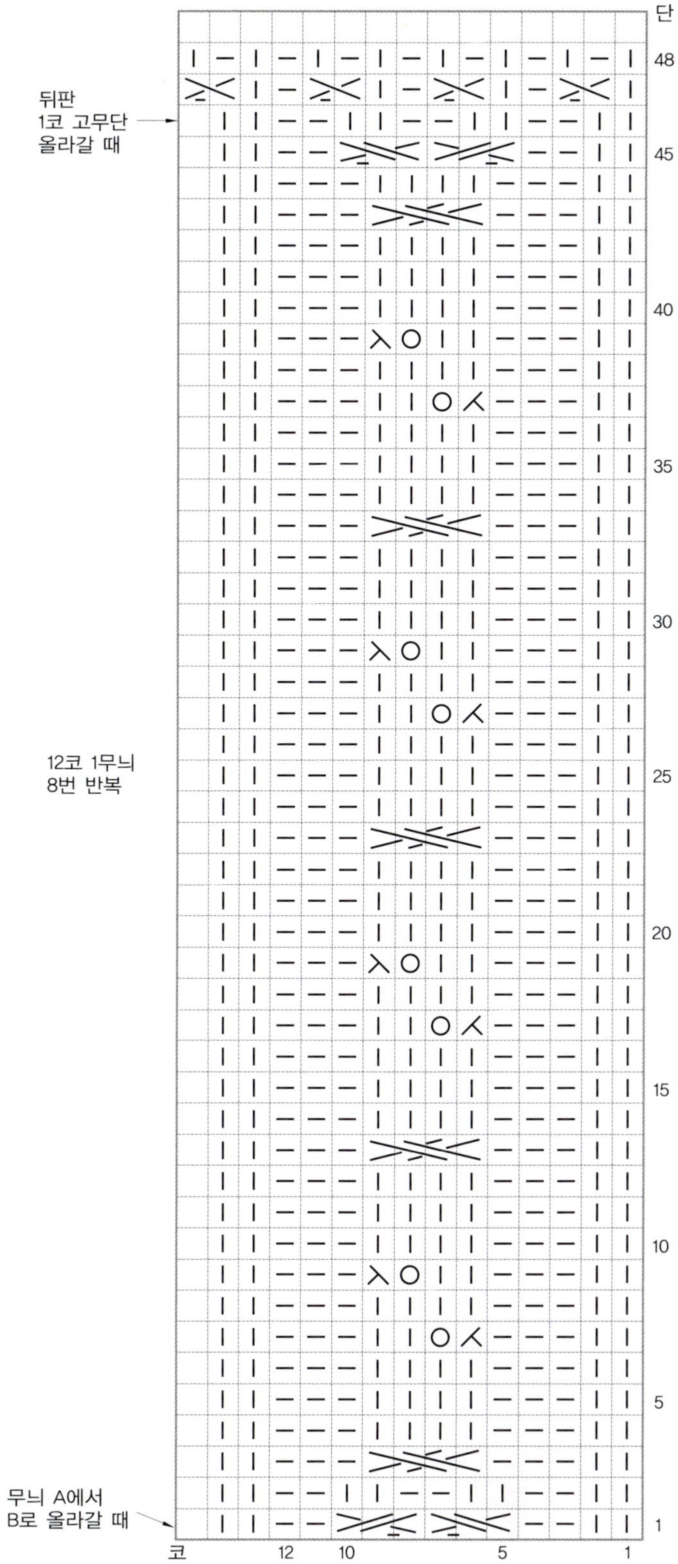

Point

뒤판 무늬 B를 뜨고 1코 고무뜨기(모두 돌려뜨기) 양쪽 24코 지점에서 다트 코를 늘린다.

무늬 D(앞판 무늬 B에서 2코 고무뜨기 무늬 배열)

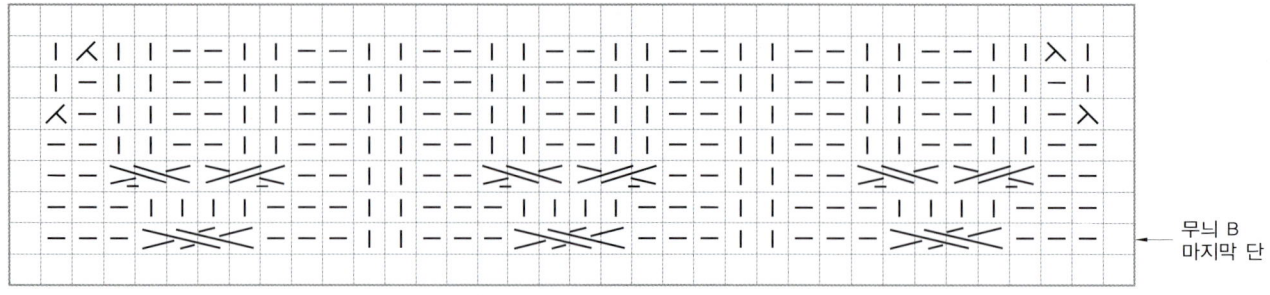

무늬 B 마지막 단

앞판 중앙 2코 고무단 만들기

무늬 C(코늘림 위치에서)

무늬 F

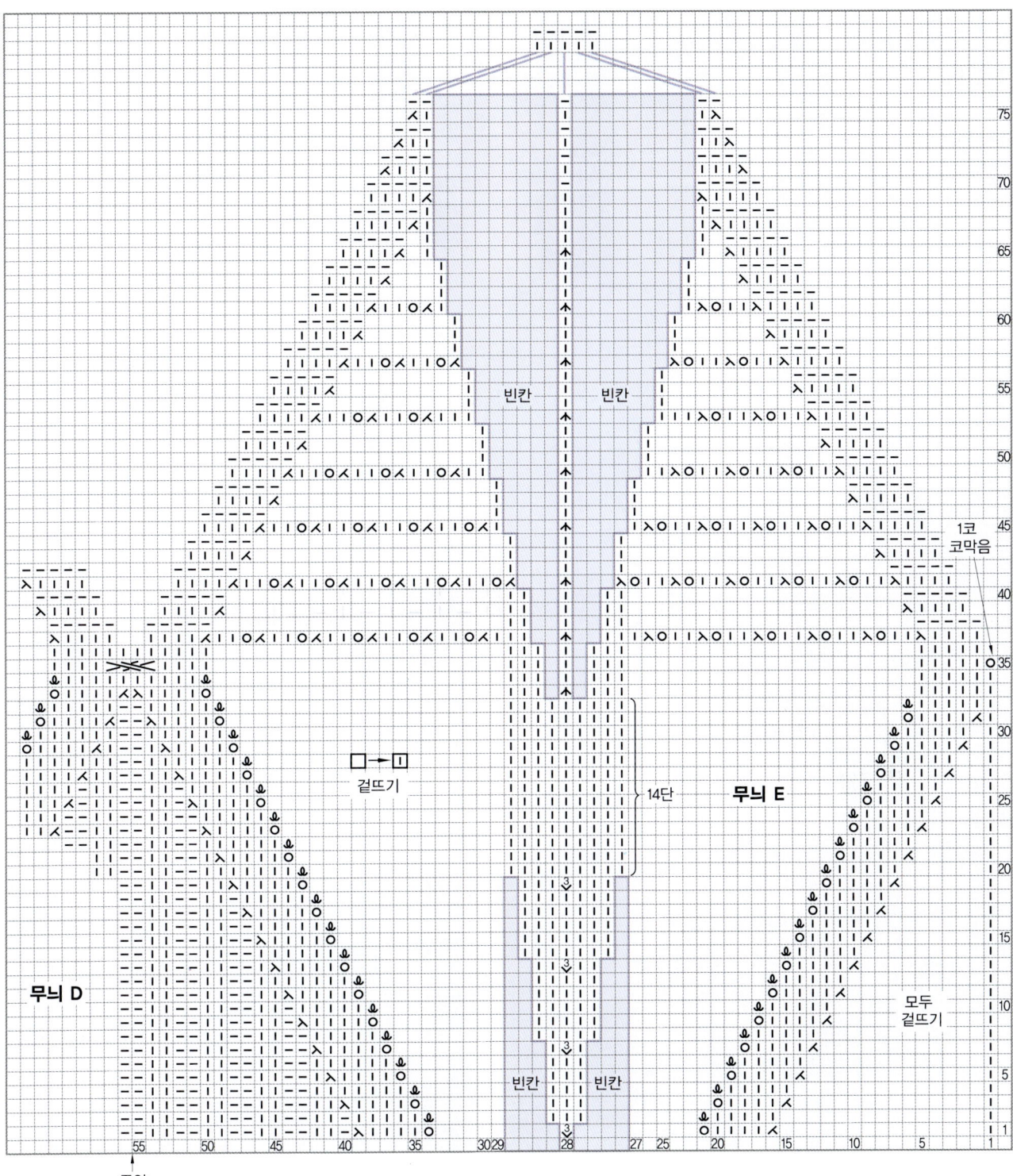

반소매 톱

knitting 9

무늬의 특성을 살려 바스트를 돋보이게 하고, 허리는 잘록해 보이도록 했다.
아랫배에 자신 있는 분이라면 옷 길이를 짧게 해서 배꼽이 보이게 하는 것도
괜찮을 듯…

1. 네크라인은 가터뜨기로 깔끔하게
2. 신축성 있는 무늬 선택
3. 소매는 짧게하여 발랄하게
4. 일반코를 잡아 바로 무늬 시작

반소매 톱

| 완성 치수 |
가슴 밑둘레 … 72cm
소매길이 …… 15cm
옷길이 ……… 45cm

| 게이지 |
무늬 10cm² 27코×35단

| 재료와 도구 |
실 ………… 섬머울 210g(2겹 사용)
바늘 ……… 대바늘 4.5mm

 뜨는 방법

1. 무늬의 신축성 때문에 바디라인이 살아나므로 가슴 밑둘레 기준으로 한다.

2. 비침무늬는 코늘림(구멍)과 코줄임이 한 무늬에서 세트를 이룬다. 진동이나 네크라인을 줄일 때는 무늬가 서서히 없어지므로, 한 무늬에서 코늘림(구멍)과 코줄임이 동시에 이루어지지 못할 때에는 모두 메리야스뜨기로 해야만 콧수에 변동이 없다.

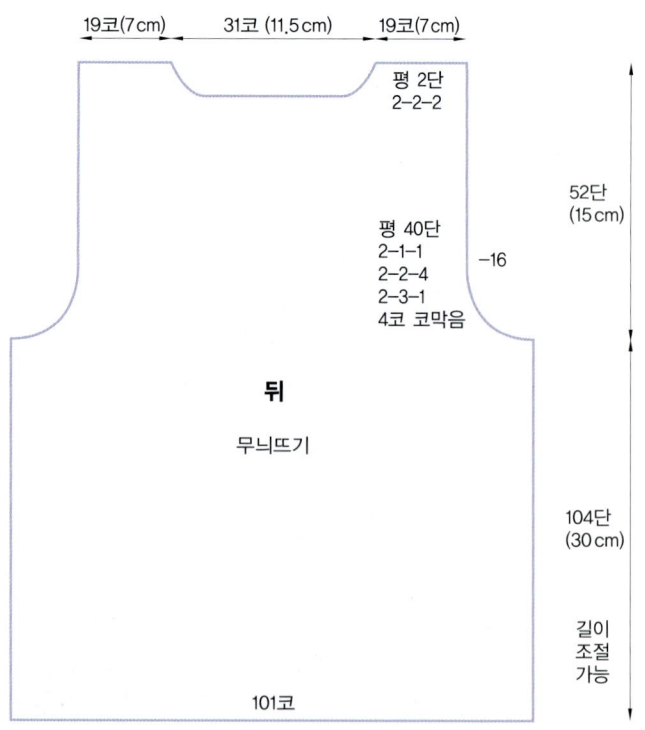

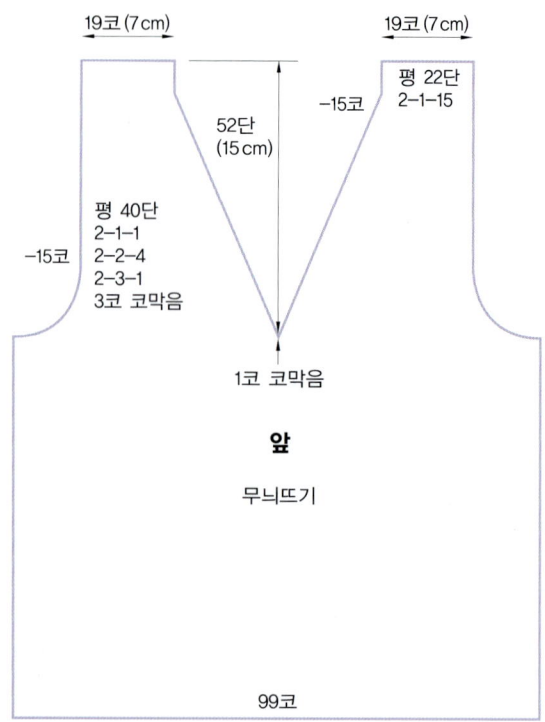

소매

13코 코막음
2-3-1
2-2-2
2-1-4
2-2-1
2-1-4
4-1-1
2-2-1
2-1-1
2-2-1
2-3-1
4코 코막음 (우측)
38단 (11cm)
이하 줄임 동일
3코 코막음
(좌측)
무늬뜨기
14단 (4cm)
72코

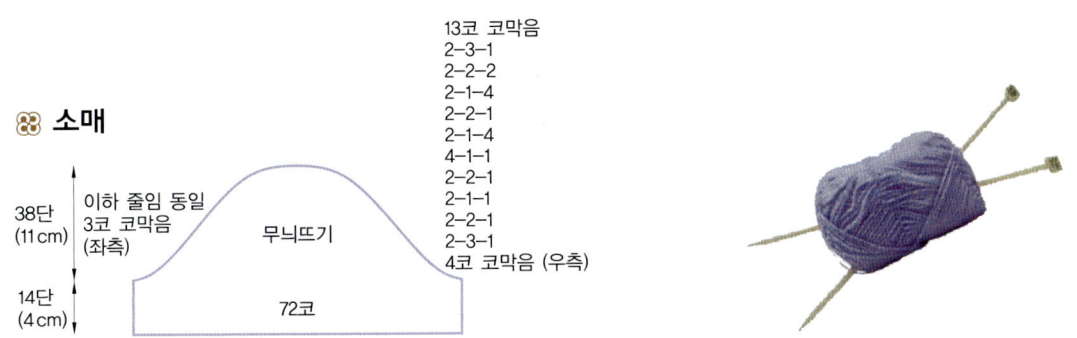

네크라인

35코
48코
48코
1코

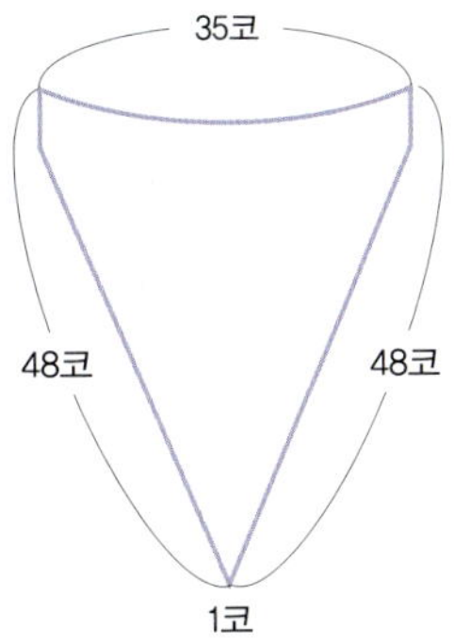

모두 132코 주워서
가터뜨기 4단 뜨고
약간 느슨하게 코막음

가터뜨기 4단

28
25
20
15
14
10
5
1
26
25
20
15
10
5
1
26단
14코
□=－
앞
시작
뒷소매
시작

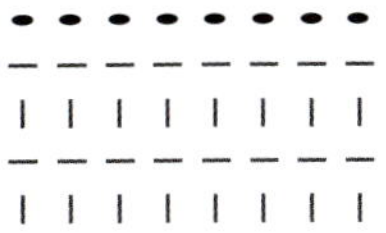

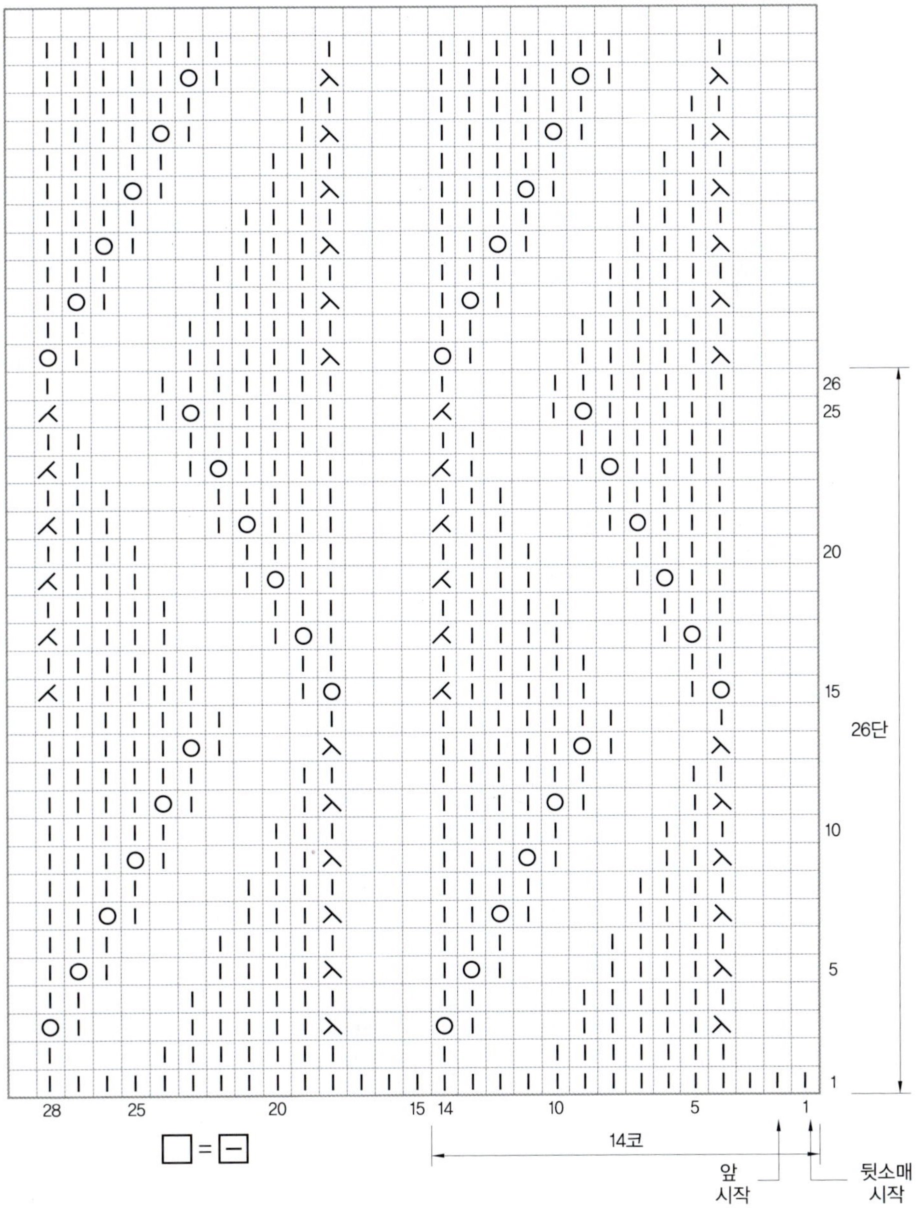

Dress in waved-design

knitting 10

파도무늬 원피스

멀리서부터 파도가 밀려오는 듯한 무늬의 원피스이다.
어깨를 많이 드러내고 바디라인을 강조한 한여름의 섹시룩이다.

1. 홀터넥에 가까운 좁은 목선
2. 몸판 무늬
3. 밑단은 웨이브가 선명하게
4. 다트의 줄임

파도무늬 원피스

| 완성 치수 |
가슴둘레 ······ 85cm
소매길이 ······ 92cm
옷길이 ········· 89cm

| 게이지 |
20코 14단 1세트 ········ 가로 5.1cm
　　　　　　　　　　　세로 11cm

| 재료와 도구 |
실 ········ 레이온 혼방사(초콜릿색, 진한 베이지색, 중간 베이지색, 연한 베이지색, 흰색 각 100g씩)
바늘 ····· 코바늘 모사용 2호

뜨는 방법

1. 솔기 없이 18무늬 360코를 원통으로 뜬다.
2. 다트 위치에서 도안에 따라 앞과 뒤 4군데를 줄인다. 줄임 도안은 약식 표기 되었으나 순서는 무늬 도안과 같다.
3. 늘림없이 진동선까지 뜨고, 진동을 파 준다.
4. 뒤판을 먼저 뜨고 앞판을 뜬 다음, 양 어깨끈을 짧은뜨기 9코로 10cm 정도 원하는 길이만큼 뜨고 뒤 양쪽에 빼뜨기로 잇는다. 입고 벗기에 불편할 수 있으므로 한 쪽 끝을 약간 길게 떠서 작은 똑딱 단추 2개를 달아줄 수도 있다.

진동 줄임

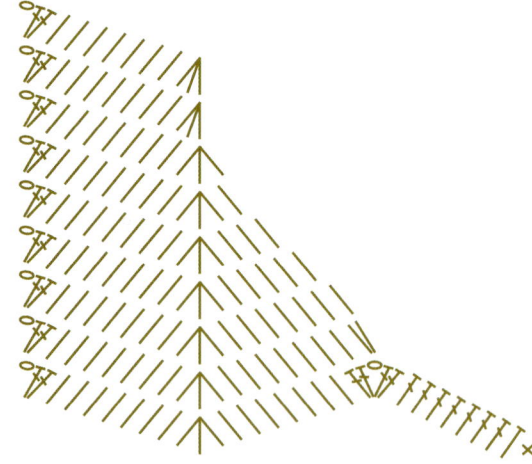

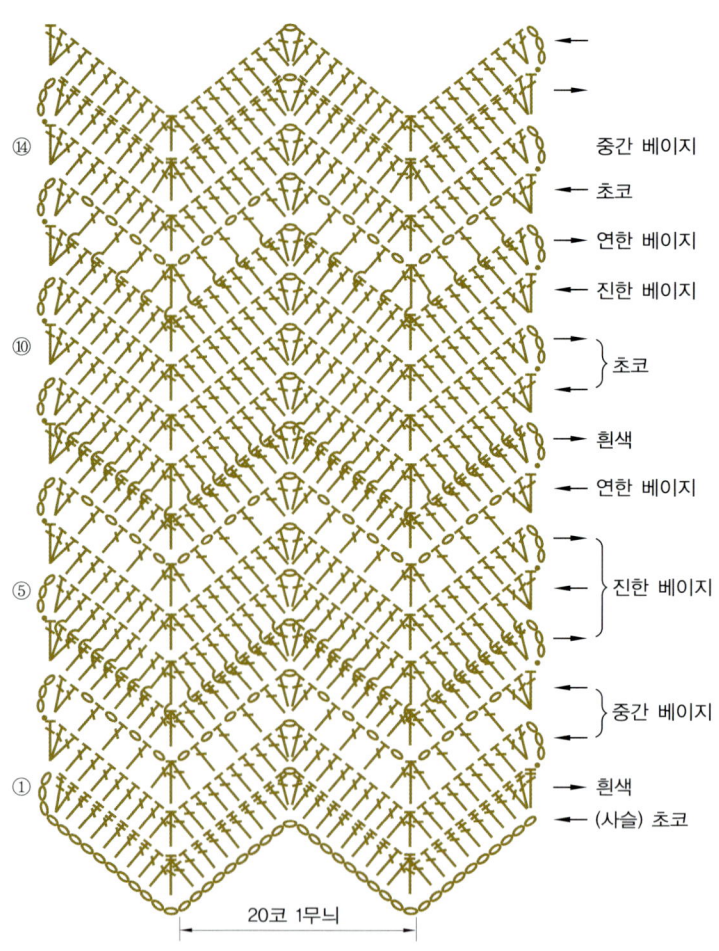

중간 베이지
초코
연한 베이지
진한 베이지
초코
흰색
연한 베이지
진한 베이지
중간 베이지
흰색
(사슬) 초코

20코 1무늬

Point
- 무늬뜨기를 참조하여 무늬 순서와 맞게 곡선을 줄인다.
- "∧" 모양을 6개에서 4개로 줄인다.

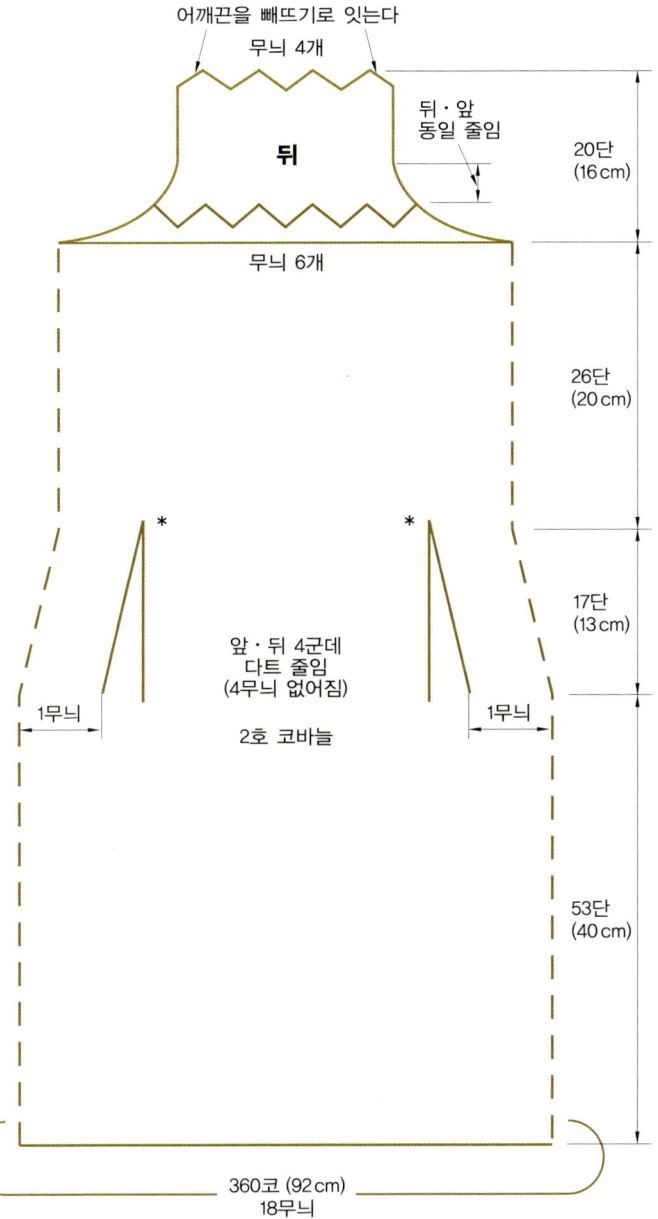
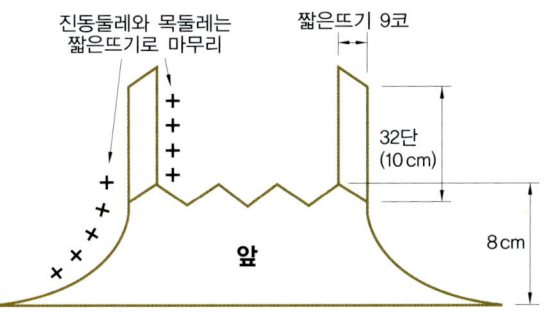

Point

- 무늬뜨기를 참조하여 무늬 순서에 맞게 그림과 같이 코를 줄인다.
- 전체 4무늬가 없어진다.
- "O"는 코를 건너 뜬다. I → ㅜ

Fancy ornamental dress

보석 장식 원피스

knitting 11

스커트 부분을 넓게 하여 뚱뚱한 사람에게도 잘 어울리는 원피스이다.
큐빅을 장식하여 파티복으로도 입을 수 있으며, 벨트를 매지 않아도
자연스런 실루엣이 살아난다.

1. 줄큐빅은 감침질로 박은 듯이 꼼꼼하게
2. 하트모양의 벨트
3. 스커트 무늬
4. 밑단은 웨이브가 자연스럽게

보석 장식 원피스

| 완성 치수 |
가슴둘레 ······· 85cm
옷길이 ········· 112cm

| 게이지 |
무늬(4mm) 10cm² ········ 24코×25단
메리야스(3.5mm) 10cm² ···· 25코×33단

| 재료와 도구 |
실 ········· 실켓면사 470g
장식물 ····· 줄큐빅 2m
　　　　　 하트모양 큐빅 버클 1개
바늘 ······· 대바늘 3mm, 3.5mm,
　　　　　 4mm, 코바늘 모사용 3호

뜨는 방법

1. 뒤판과 앞판 모두 4mm 대바늘 2개로 일반코 145코를 잡는다. 뜨기 시작하면 바늘 하나를 뺀다.
2. 레이스무늬를 엉덩이선까지 뜨고, 무늬줄임 그림을 보면서 허리선까지 줄인다.
3. 대바늘을 3.5mm로 바꿔 메리야스뜨기를 하면서 첫단에서 9코를 줄여 89코를 만든다.
4. 앞은 3.5mm 대바늘로 메리야스뜨기를 하되 바스트 부분에 가로 다트를 만들어 준다(가로 다트는 어깨 경사뜨기와 방법이 동일하다).
5. 앞뒤 모두 네크라인 줄임은 1코 세워줄임하여 라인을 살려 준다.
6. 어깨와 솔기를 잇고, 3mm 대바늘로 네크라인과 진동을 가터뜨기 6단을 뜬다.
7. 네크라인과 진동라인을 따라 줄큐빅을 감침질한다.
8. 벨트는 3호 코바늘로 길이 85cm, 폭 2cm 짧은뜨기하고 버클을 단다.

무늬뜨기 줄임

목과 진동 가터뜨기 마무리

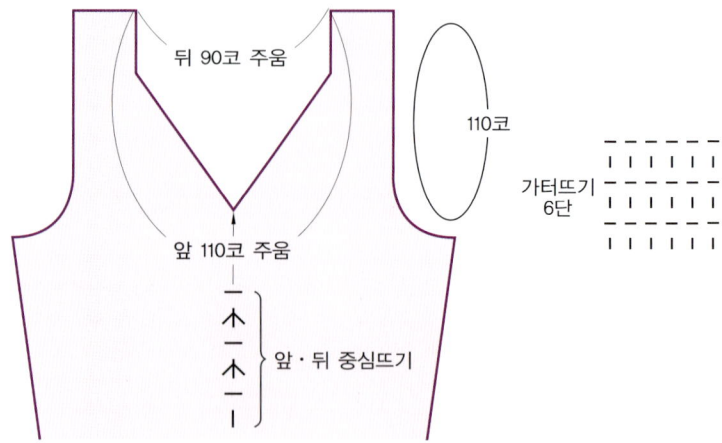

Point
- 줄큐빅은 큐빅 사이사이에 홈이 있으므로, 그 홈을 감침질하면 큐빅을 옷에 박은 듯이 보인다.
- 앞목의 장식은 큐빅을 12cm를 잘라 중앙만 꿰매어 흔들리게 한다.

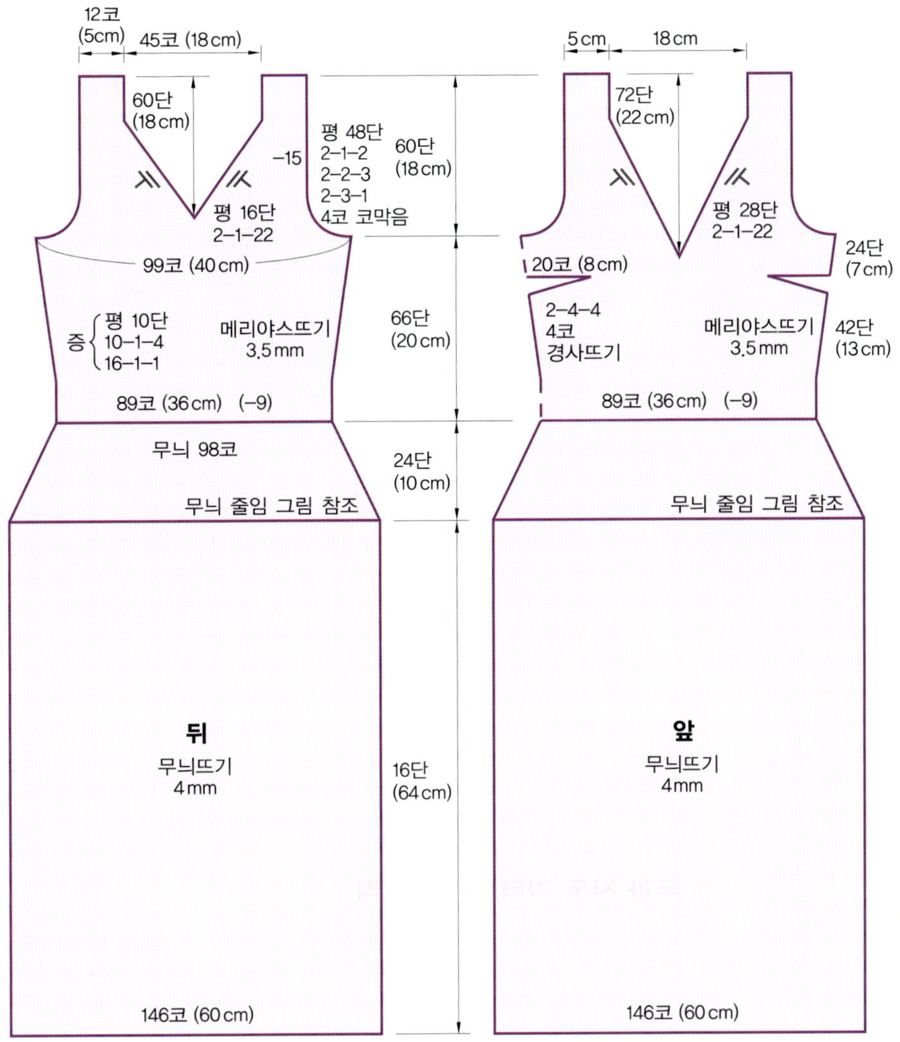

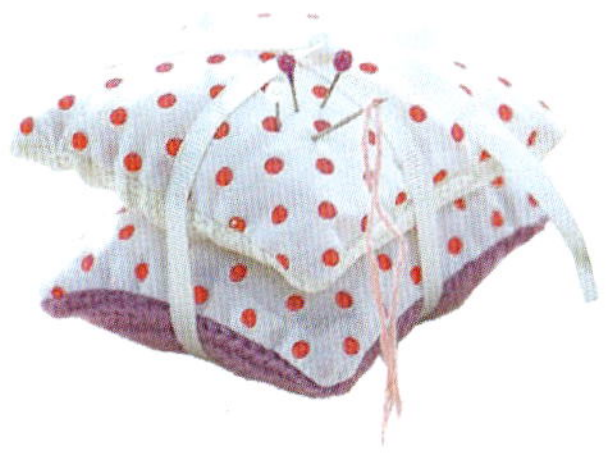

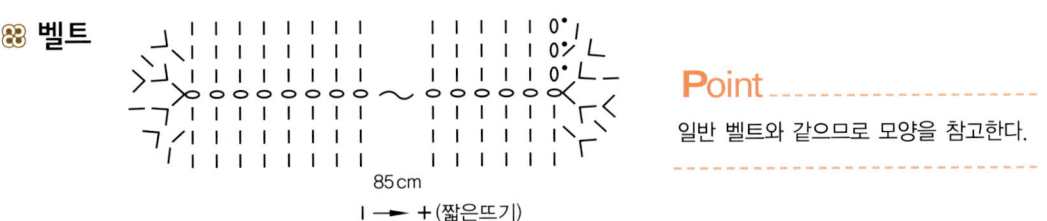

Point
밑단이 둥글게 곡선이 만들어지는 무늬는 바늘 2개로 코를 잡아야 한다.

❀ 벨트

Point
일반 벨트와 같으므로 모양을 참고한다.

❀ 무늬뜨기

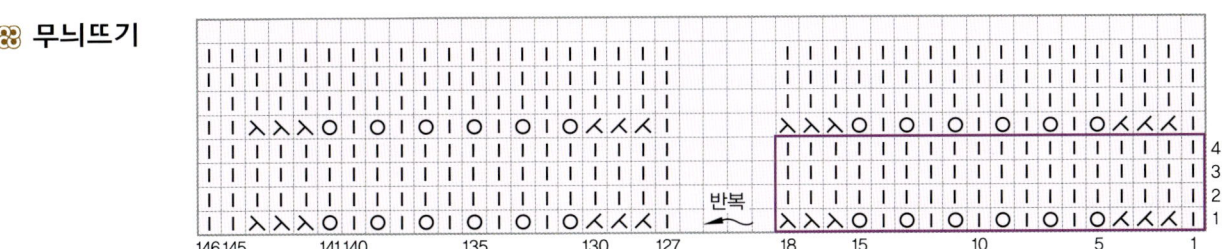

Green two-piece outfit

그린 투피스

knitting 12

이런 과감한 투피스 한 벌쯤 떠 보면 어떨까? 바디라인을 최대한 살려주고, 스퀘어 네크인 앞목과 대비되는 하트모양으로 판 뒷목이 포인트이다.

1. 몸판 무늬와 스퀘어 네크
2. 하트모양으로 판 뒷목
3. 상의 다트와 레이스
4. 스커트 무늬와 밑단 레이스

그린 투피스

| 완성 치수 |
가슴둘레 ······ 83cm
상의길이 ······ 50cm
엉덩이둘레 ······ 90cm
스커트길이 ······ 55cm

| 재료와 도구 |
실 ············ 레이온 혼방사(진한 초록색 550g, 쑥색 50g)
고무밴드 ······ 폭 2.5cm
바늘 ············ 코바늘 모사용 2호

 뜨는 방법

 상의

1 상의는 화살표 방향대로 원통으로 뜨면서 몸판뜨기의 다트에 유의한다. 양 옆과 뒤 2군데는 동일하게 줄이고 늘린다. 앞 2군데는 바스트까지 다트가 이어진다.
2 뒷목과 앞목 줄임을 그림대로 뜨고, 진동은 줄임 후에 다시 늘려 암홀을 C자형으로 둥글게 만들어 준다.
3 어깨를 뒤집어 한 가닥씩 빼뜨기로 잇고, 암홀과 네크라인을 피코뜨기로 마무리한다.
4 밑단 레이스를 쑥색으로 뜬다.

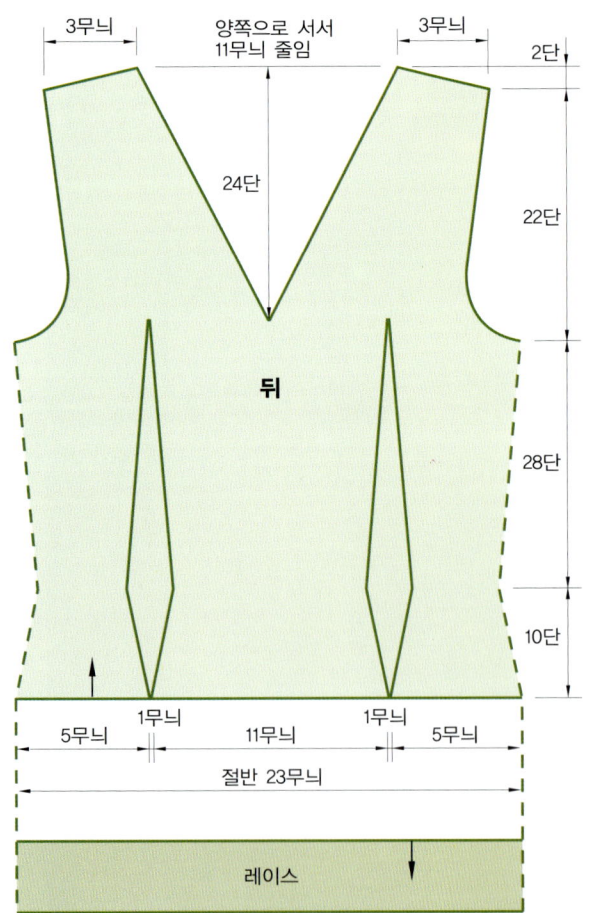

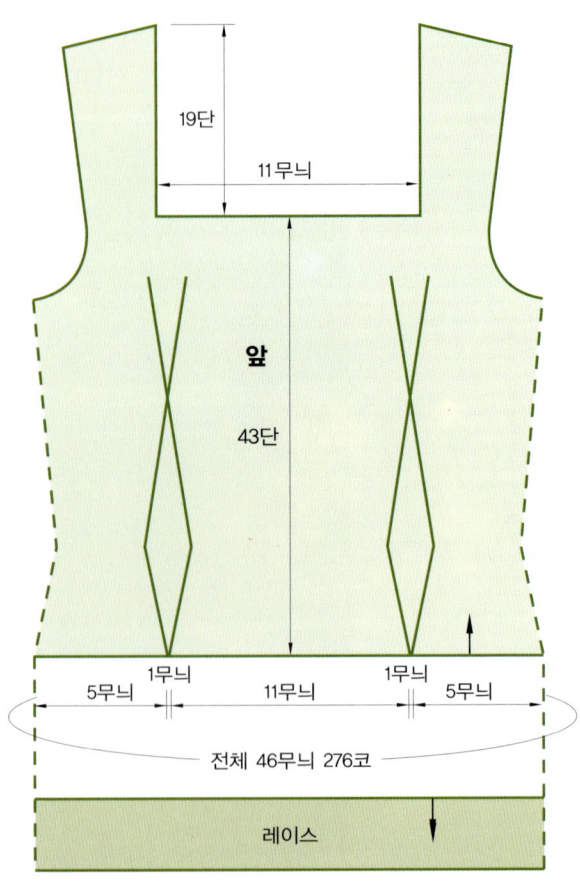

❀ 레이스 무늬(13세트)

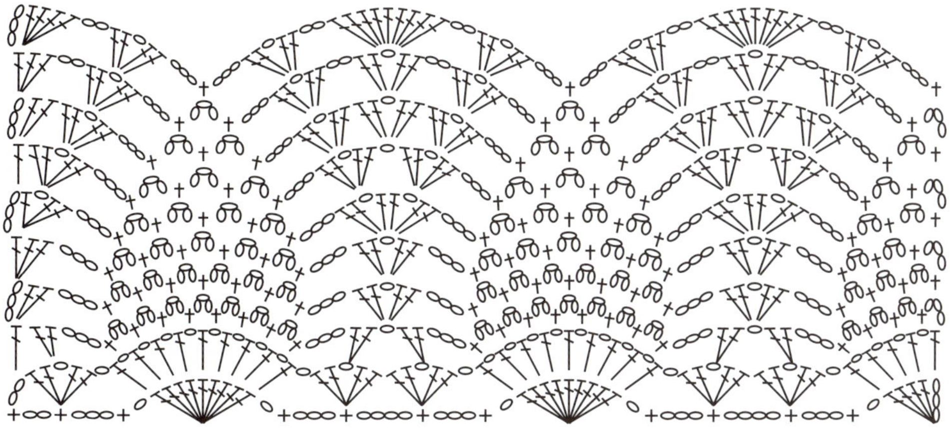

❀ 무늬

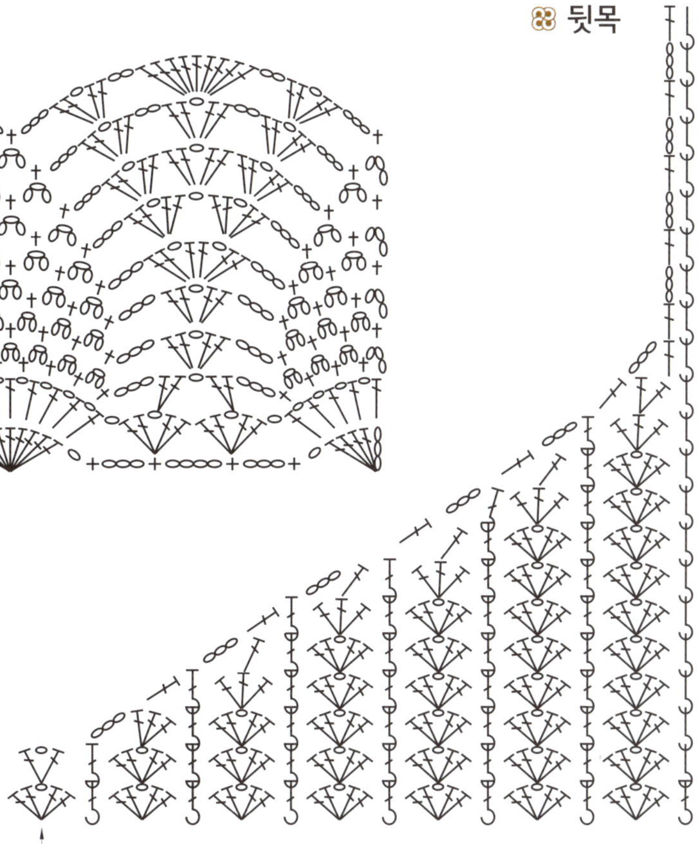

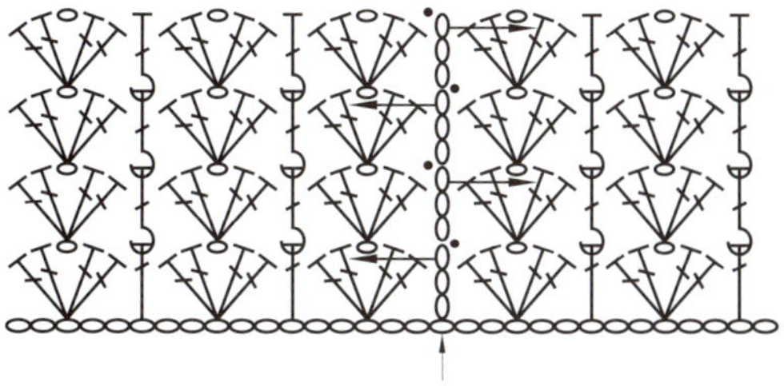

코세움 라인은 왼쪽 옆으로

❀ 뒷목

중심

전문가들만 아는 노하우

♥ 아주 쉬운 소매산의 계산

옷을 뜰 때 막히는 부분 중 하나가 소매산이다. 스타일리시한 의상의 소매산 제도는 훨씬 정밀하다. 다음은 가장 쉬운 소매산 계산법이다.

- 소매산 높이는 진동 높이의 1/2로 한다.
- 진동 높이가 20cm일 때 소매산 높이는 10cm가 된다.
- 소매산 높이가 10cm일 때 : 처음 1.5~2cm 가량을 코막음하고 그 다음 3코, 그 다음부터는 2코씩을 9cm 가까이까지 줄이고, 마지막 3코를 줄인 뒤 나머지 코를 전부 코막음하면 된다. 물론 좌우 대칭이므로 양쪽 모두 줄여야 한다.

꽈배기가 많아 게이지 콧수가 많은 옷이라면 처음 1.5~2cm 가량 코막음하고, 그 다음 3코를 두 번, 그 다음 2코씩 8cm쯤 줄이고, 3코씩 두 번, 4코를 한 번, 나머지 코를 전부 코막음하면 된다. 반대로 아주 굵은 실로 떠서 콧수가 적다면 숫자가 반으로 줄어든다.

❁ 상의 앞 바스트 다트 2군데
❁ 상의 양 옆과 뒤 다트 2군데

어깨

앞목

진동

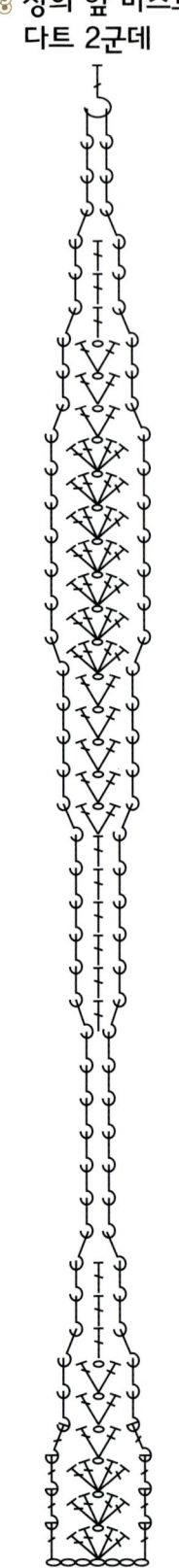
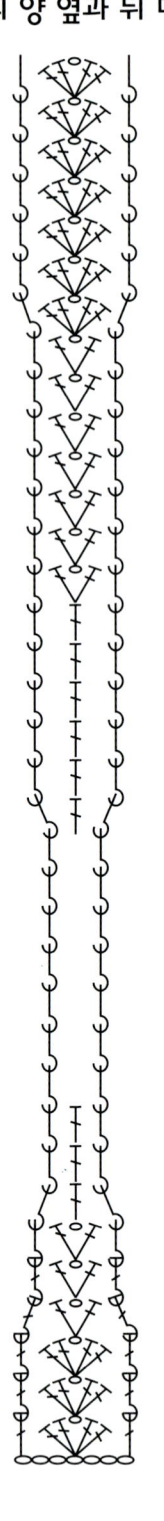
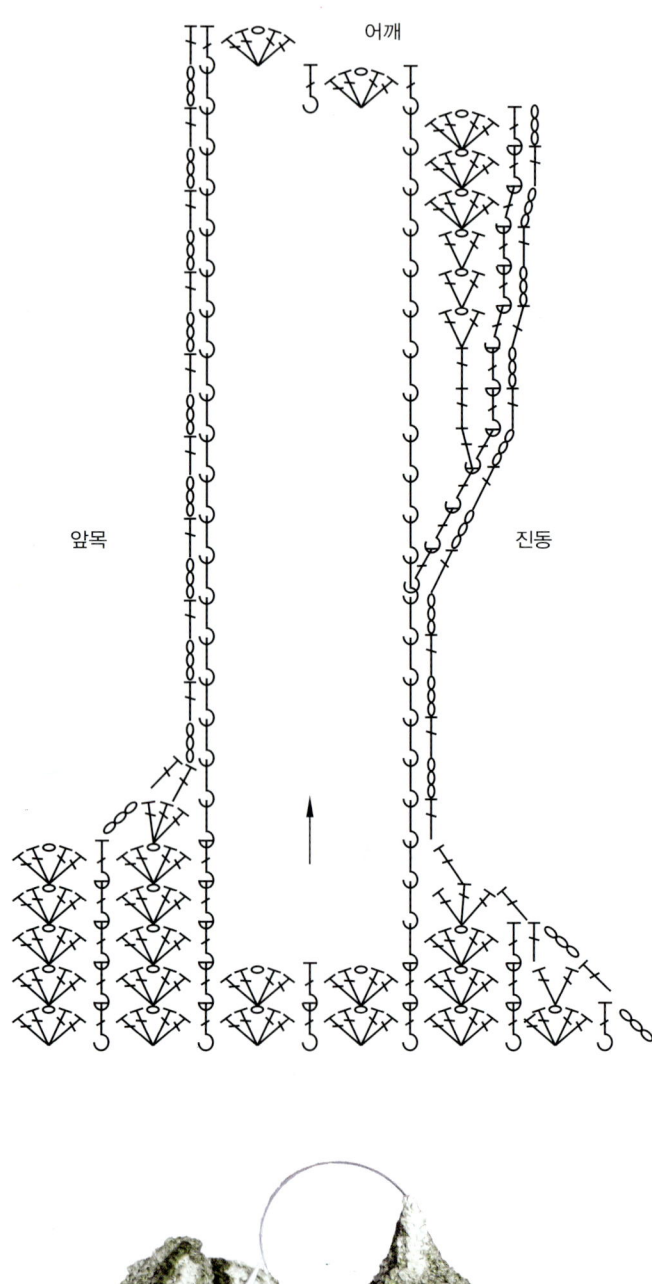

스커트

1. 스커트는 상의와 같이 원통으로 뜨면서 양 옆과 앞·뒤 2군데씩 모두 8군데의 다트를 줄인다.
2. 고무밴드 폭의 2배 만큼 허릿단을 뜬 다음, 안으로 접어 입고 벗기 편하도록 고무줄실로 감침질하거나 빼뜨기로 하되 사슬 1코와 빼뜨기 1코를 번갈아 한다.
3. 고무밴드를 꿰맨다.
4. 밑단의 레이스는 상의와 같다.

Point
상·하의 모두 원통뜨기로 한다.

다트 줄임

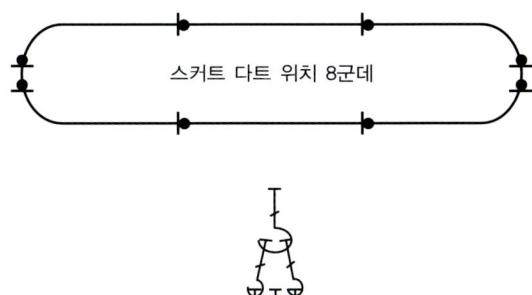

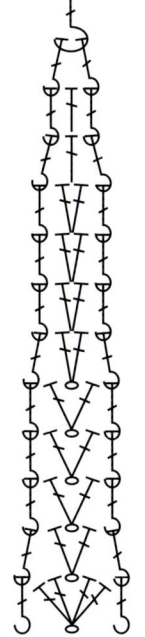

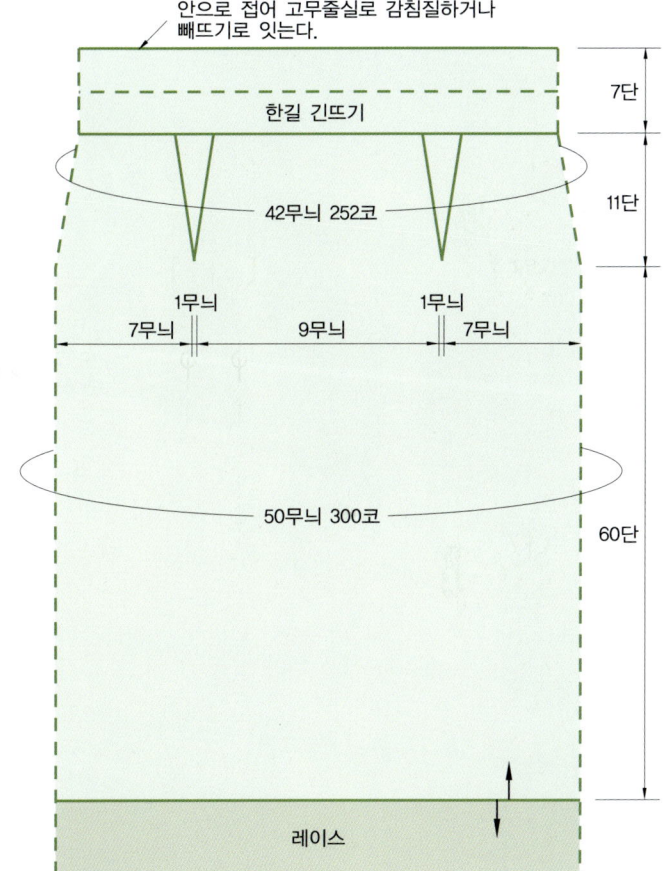

Point
허릿단 빼뜨기 잇기는 빼뜨기와 사슬뜨기를 번갈아 해야 신축성이 있어 입고 벗기에 편하다.

소품

knit for accessory

1_크리스마스 모자와 장갑
2_플로라 핸드백
3_트로피컬 핸드백

Christmas hempen hood & gloves

크리스마스 모자와 장갑

knitting 1

크리스마스 시즌에 맞추어 빨간색과 초록색으로 뜬 두건 스타일의 모자와 벙어리 장갑이다.

1. 모자의 전체 무늬
2. 모자의 양 끝 모양
3. 장갑의 전체 무늬
4. 장갑의 엄지손가락

크리스마스 모자와 장갑

| 완성 치수 |
성인용

| 재료와 도구 |
실 ……… 순모(빨간색 110g, 초록색 50g)
바늘 …… 코바늘 5호

뜨는 방법

 모자

1. 모자는 빨간색으로 뒤를 묶을 긴 끈부터 24단을 뜨고, 그림과 같이 늘리면서 30단을 뜬 다음, 다시 줄이면서 짧은 끈 18단을 뜬다.
2. 빨간색과 초록색을 배색하면서 그림처럼 레이스부분을 타원형으로 뜬다.
3. 양쪽으로 늘어진 끈은 그림과 같이 비스듬히 고정해 주어야 뒤로 묶었을 때 모자가 자연스럽게 연출된다.

 모자

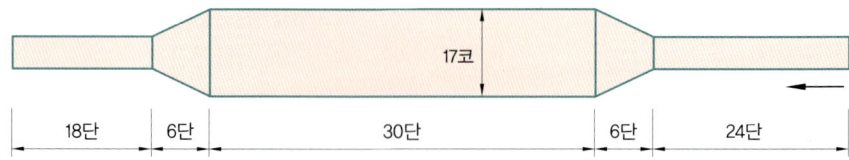

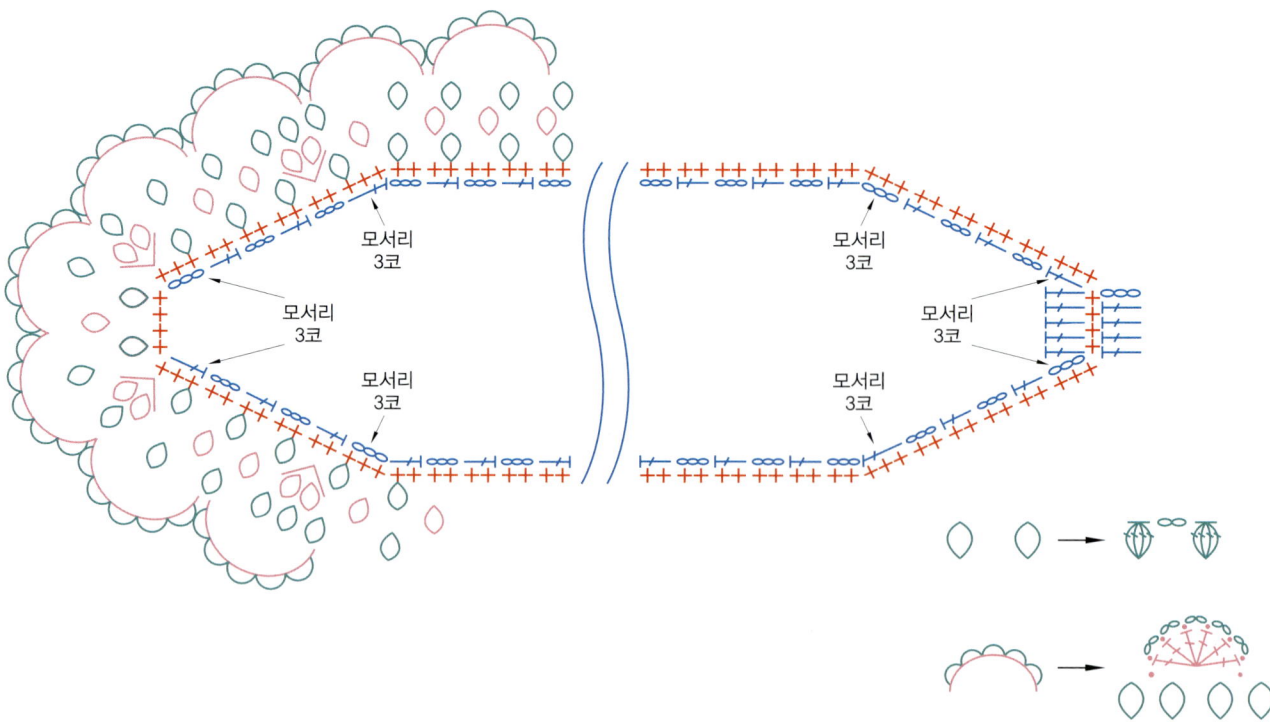

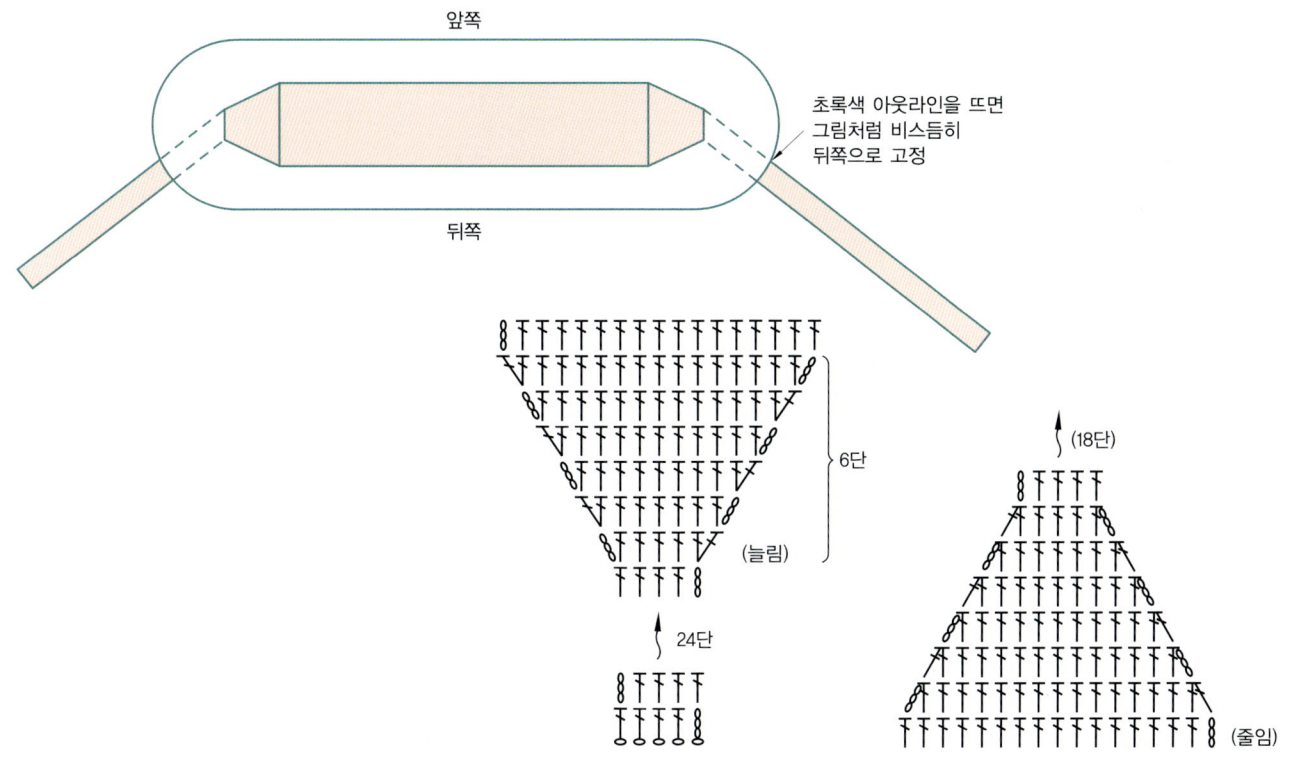

 **장갑**

1 장갑은 손가락 끝에서부터 시작한다.
2 그림과 같이 원을 그리면서 빨간색과 초록색을 배색하여 늘리고, 빨간색으로 올라가면서 엄지손가락 구멍을 내 준다.
3 손목의 장식은 그림과 같이 빨간색과 초록색을 배색하여 뜬다.
4 엄지손가락을 그림과 같이 배색하여 뜬다.

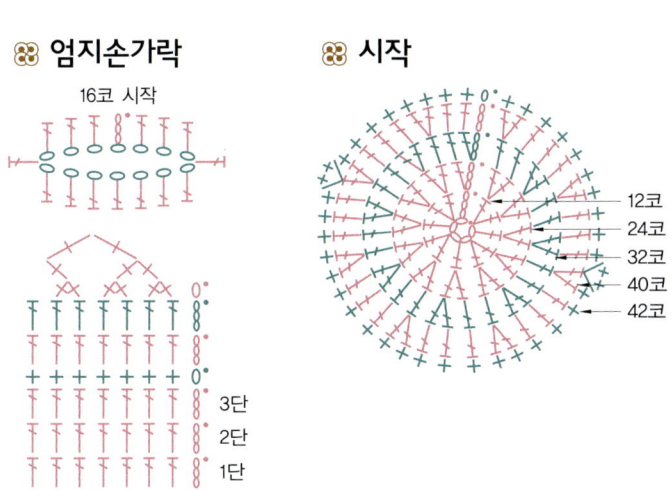

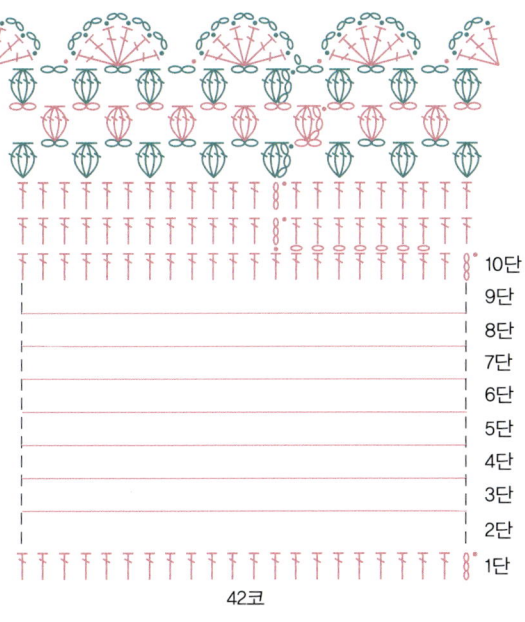

Flora hand bag

플로라 핸드백

knitting 2

나뭇잎이 나오기 전 나뭇가지에 만개한 복숭아꽃이 연상되는 모티프를
떠서 연결한 핸드백이다.

1. 손잡이는 낚싯줄로 박음질
2. 모티프 모양
3. 중앙에 잠금 장식
4. 반으로 접어 이은 옆선

149

플로라 핸드백

| 완성 치수 |
가로 …… 32cm
세로 …… 23cm

| 재료와 도구 |
실 …… 나일론(노랑나염 1볼, 분홍나염 2볼, 갈색나염 3볼)
바늘 …… 코바늘 6호
손잡이 1쌍, 낚싯줄

 뜨는 방법

1 노란색으로 꽃술 29개를 뜬다.
2 꽃술 위에 분홍색으로 꽃잎을 뜬다.
3 노랑 꽃술에 분홍으로 꽃잎을 뜬 코 사이사이에 코를 넣어 뜨되, 꽃잎의 뒤로 떠서 꽃이 돌출되게 한다.
4 꽃 모티프 29개가 완성되면, 꽃이 없는 바탕 4개를 뜬다.
5 그림과 같이 겉에서 빼뜨기로 잇고, 손잡이를 낚싯줄로 박음질한다.
6 안감을 넣고 중앙에 똑딱이자석이나 찍찍이를 붙인다. 고리를 만들어 단추를 달 수도 있다.

몸, 소매 무늬

손잡이 꿰매는 곳

잇기 : 겉에서 빼뜨기
≪ ≫ , ( )
× × , [ ]
끼리 마주보고
잇는다.

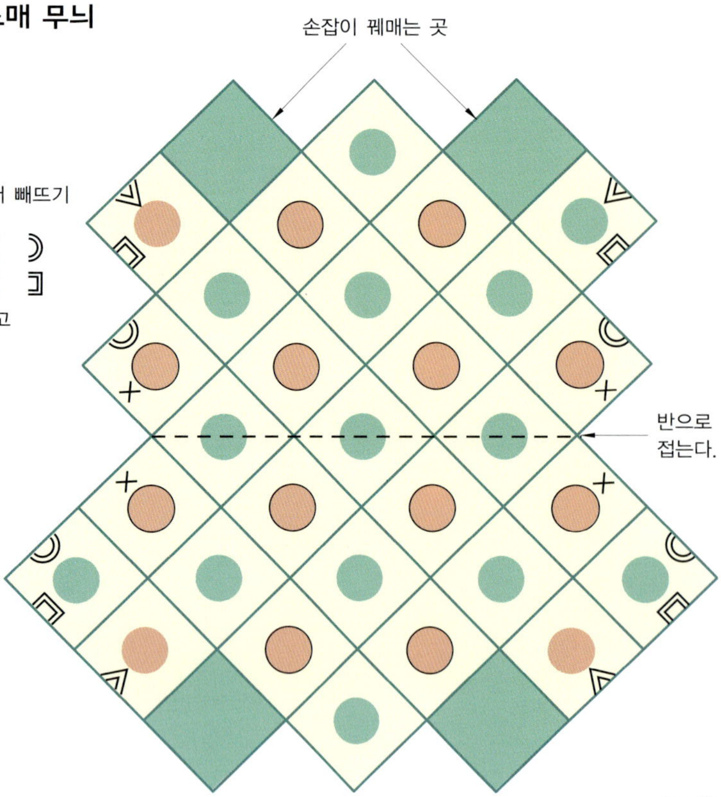

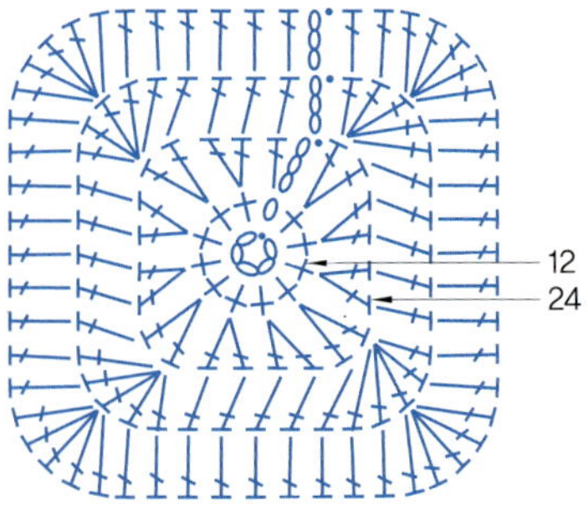

반으로 접는다.

손잡이 꿰맬 바탕(4개)

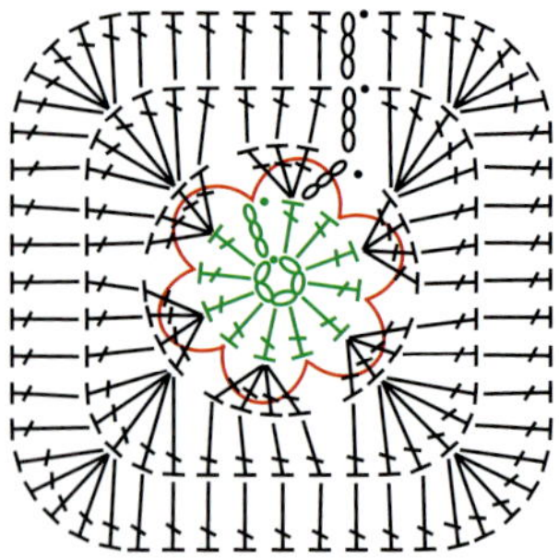

꽃잎 뒤쪽으로 꽃술에 코를 걸어 바탕뜨기 (29개)

꽃술을 먼저 뜬 뒤 꽃잎 6장이 나오도록 뜬다. (29개)

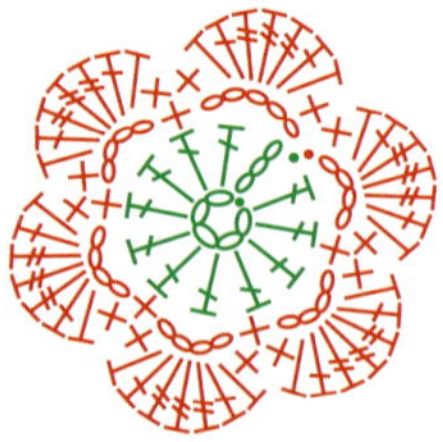

【 전통 무늬 】

- **건지 스웨터** : 영국 해협 남서단에 있는 건지섬에서 입는 피셔먼 스웨터(fishermans sweater)를 말한다. 진하고 굵은 감색 실로 무늬를 단순하게 짠 스웨터로, 실용적 디자인의 표준이 되고 있다.

- **저지** : 건지섬 옆에 있는 섬의 이름으로, 이 섬에서 짠 스목(smock)풍의 메리야스뜨기로 된 스웨터에서 기원하였다. 우리나라에서는 외의용(外衣用) 뜨개바탕을 가리키는 말로 쓰인다.

- **아란 무늬** : 건지 스웨터가 아일랜드 서쪽에 있는 아란제도로 넘어가 발전된 디자인을 말한다.

- **로피 스웨터** : 아이슬란드의 로빙얀으로 짠 둥근 요크(yoke) 스웨터를 말한다. 로빙얀은 로피의 아이슬란드어인데, 색깔있는 양모를 엉성하게 꼰 극대모사(極大毛絲)를 가리킨다.

- **페어섬의 배색 무늬뜨기** : 페어섬은 스코틀랜드 북쪽에 있는 섬 이름이다. 화려하게 염색한 모사를 여러 개 섞어 뜬 무늬가 특징적인데, 같은 무늬는 다시 사용하지 않는다.

- **노르딕 무늬뜨기** : 구상적 도안이나 기하학적 무늬가 많고, 모양은 스목풍의 직선형이다.

- **카우틴 스웨터** : 캐나다 남서부의 수렵 민족인 카우틴 인디언의 노동복을 말한다. 새 · 가슴 · 고래 등 대담한 도안을 사용한다.

- **아가일 체크** : 스코틀랜드 서쪽 아가일 지방에서 전해졌으며, 타탄(tartan)의 체크무늬가 사선으로 배치되어 있다.

Tropical colored bag

트로피컬 핸드백

knitting 3

열대림의 빨간꽃, 노란새, 푸른 바다를 연상하며 강렬한 색을 골라 모티프를
떠서 이은 숄더백이다. 여름 소품으로 안성맞춤이다.

1. 모티프 모양
2. 가방 밑
3. 땋아서 연결한 손잡이
4. 안으로 접어 넣은 옆부분

트로피컬 컬러백

| 완성 치수 |
폭 ········ 8cm
가로 ····· 32cm
세로 ····· 26cm

| 재료와 도구 |
실 ········ 레이온 아크릴사(노란색 2볼,
　　　　　 빨간색 3볼, 파란색 4볼)
바늘 ····· 코바늘 5호

뜨는 방법

1. 노란색으로 꽃술 28개를 뜬다.
2. 꽃술 위에 빨간색으로 꽃잎을 뜬다.
3. 꽃잎 위에 파란색으로 바탕을 뜬다.
4. 꽃이 없는 바탕 6개를 뜬다.
5. 바탕 4개를 빼뜨기로 잇고, 그 위에 꽃 모티프 10개를 위로 향하도록 노란색으로 짧은뜨기하며 잇는다.
6. 그 다음 단의 꽃 모티프 10개를 파란색으로 빼뜨기하며 잇는다.
7. 세 번째 단은 꽃 모티프를 앞면과 뒷면에 8개씩, 바탕을 양 옆에 2개씩 파란색으로 빼뜨기하며 잇는다.
8. 가로를 모두 이었으면, 세로를 노란색으로 짧은뜨기하며 잇는다.
9. 윗단은 노란색으로 짧은뜨기 2단을 뜨고, 파란색으로 겹짧은뜨기 3단을 뜬다.
   양 옆 중앙에는 짧은뜨기 7코를 10cm씩 떠 주고, 노란색으로 되돌려 짧은뜨기하여 마무리한다.
10. 손잡이는 세 가지 색을 170cm씩 각각 6가닥으로 잘라 가방 위의 단 밑 홈에 꿰어 같은 색끼리 12가닥씩 쥐고 땋아 준다. 끝이 10cm쯤 남으면 고무줄로 묶고, 옆 홈에 전체 가닥을 6가닥씩 반으로 갈라 넣어 안쪽에서 3개로 나누어 단단히 묶는다.
    앞의 고무줄을 풀어 준다.
11. 밑바닥에 판을 깔아 규격을 맞추고 안감을 넣으면서 양쪽 고리와 입구 중앙에 똑딱이자석이나 찍찍이를 붙여 준다.

꽃 모티프 28개

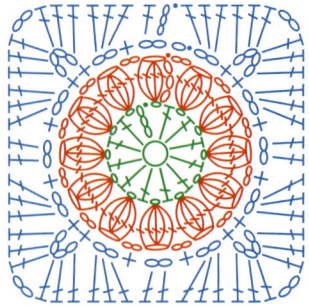

중심 "O" 는
손가락에 실을
감아 틀을 만든다.
(또는 사슬5코하여
둥글게 모아 빼뜨기)

바탕 모티프 6개

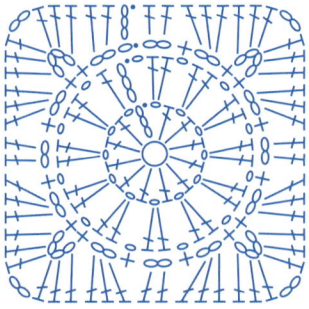

❀ 정면

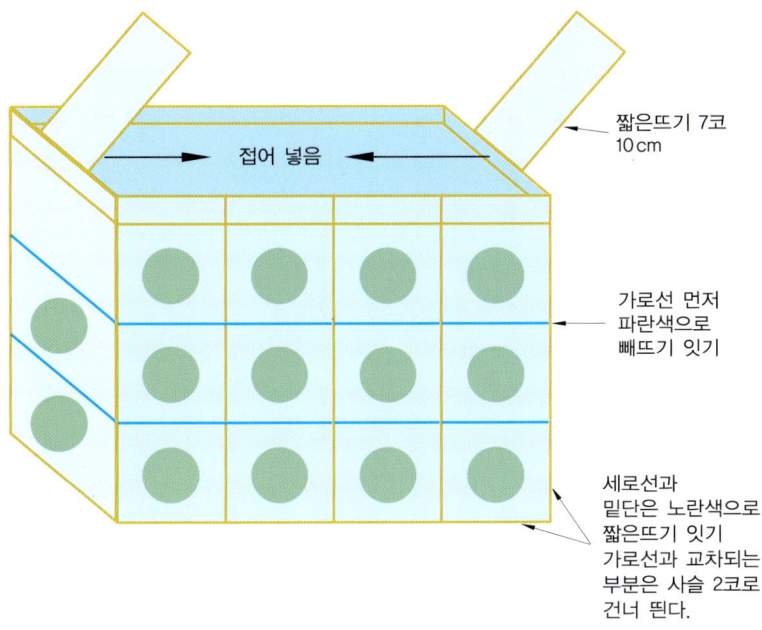

짧은뜨기 7코 10 cm

접어 넣음

가로선 먼저 파란색으로 빼뜨기 잇기

세로선과 밑단은 노란색으로 짧은뜨기 잇기 가로선과 교차되는 부분은 사슬 2코로 건너 뜬다.

❀ 밑면

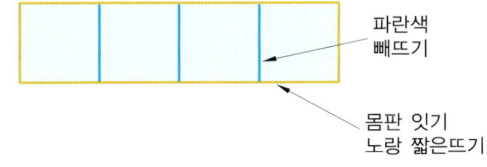

파란색 빼뜨기

몸판 잇기 노랑 짧은뜨기

❀ 윗면

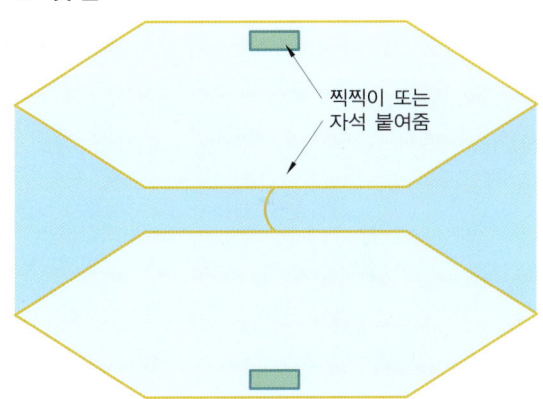

찍찍이 또는 자석 붙여줌

❀ 윗단 마무리

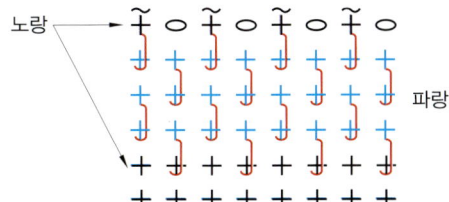

노랑

파랑

❀ 가방끈

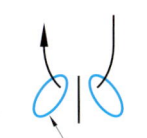 

반으로 갈라 넣고 같은 색으로 묶는다.

세 가지 색 6가닥씩을 끼워 12가닥씩 땋는다.

155

Appendix 부록

1_대바늘뜨기 기호와 뜨는 법
2_코바늘뜨기 기호와 뜨는 법
3_손뜨개 기초 상식
4_여성 표준 치수 재는 법
5_기성복 사이즈

부록 ❶
대바늘뜨기 기호와 뜨는 법

기초코 뜨는 법

| 별도의 실에서 줍는 코 |

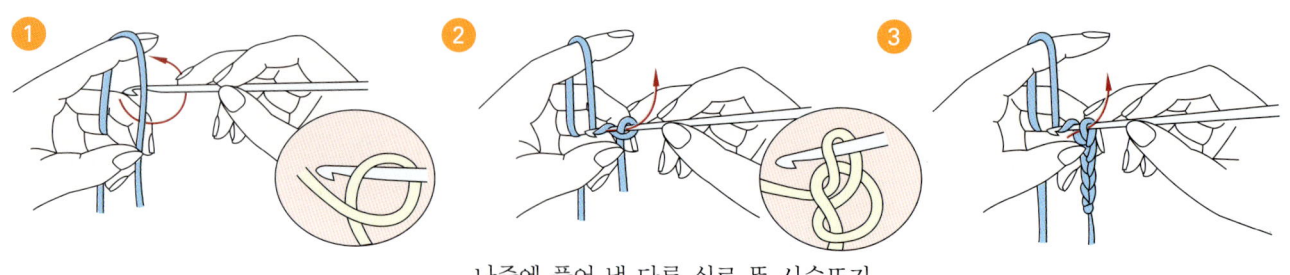

나중에 풀어 낼 다른 실로 뜬 사슬뜨기에서 코를 줍는 식이다.

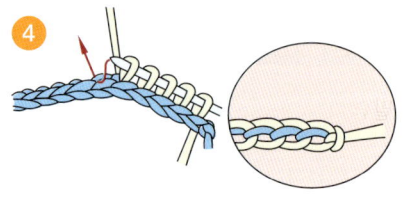
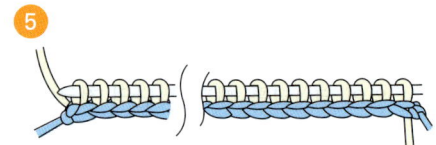
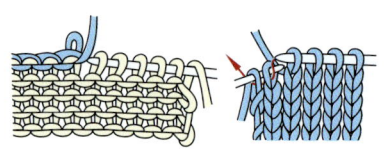

별도의 실을 풀면서 바늘에 꿴다.

| 일반적인 코 잡기 |

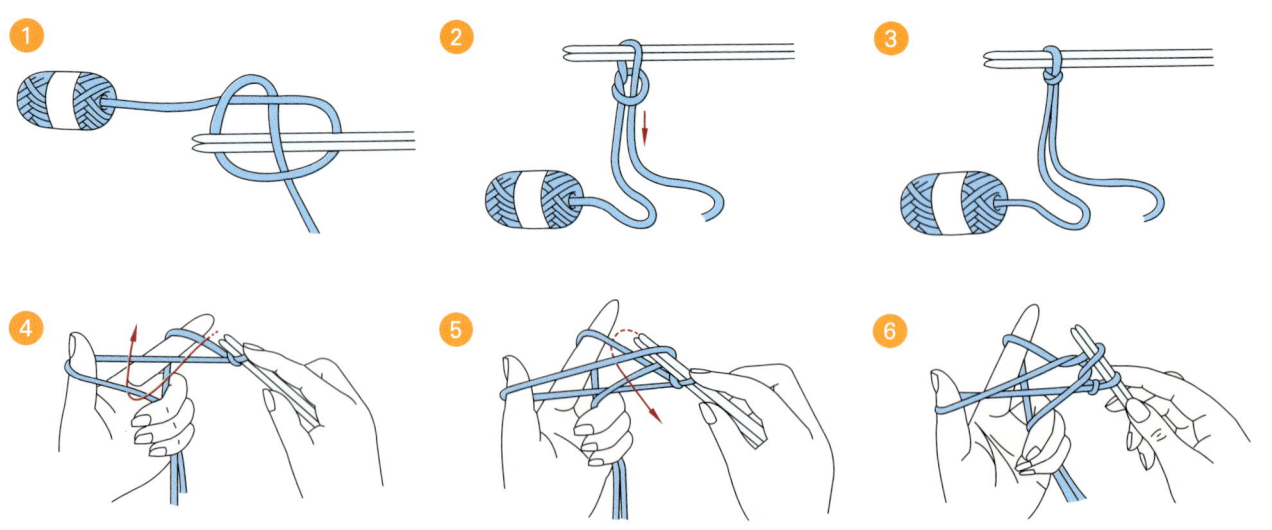

158

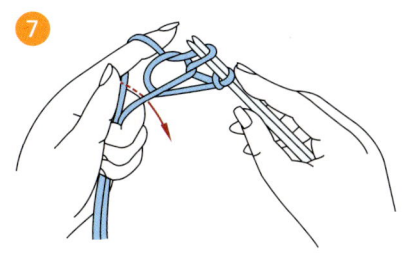
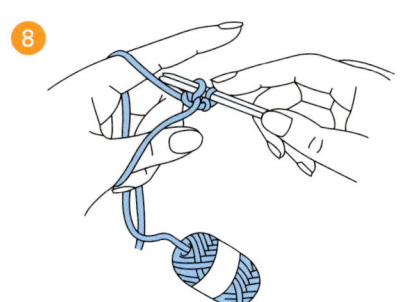
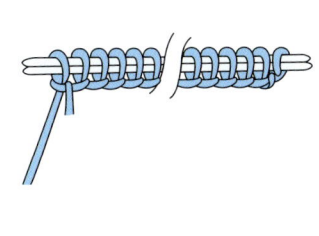

1코 고무뜨기

| 1코 고무뜨기 ❶ |

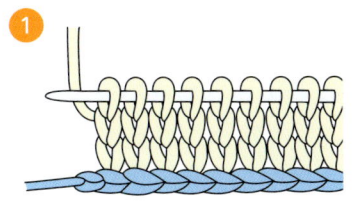

(필요 콧수+2)÷2코를 사슬뜨기에서 주워 메리야스뜨기 3단을 뜬다(주운 코가 이미 1단이다).

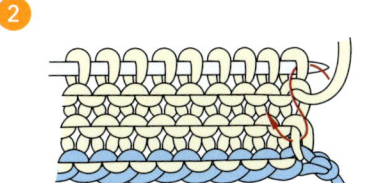

위의 코 1코를 빼고, 밑단의 첫코에 바늘을 꿰어 1코를 뜬다.

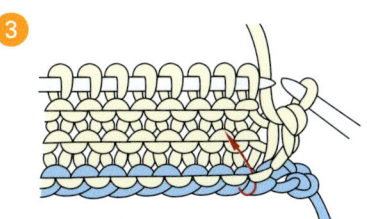

밑단의 둘째 코에 바늘을 꿴다.

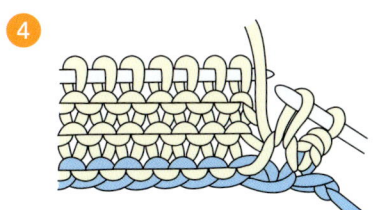

꿴 코에서 겉뜨기 1코 한다.

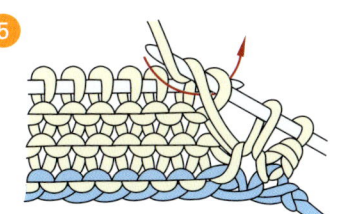

위 코에서 안뜨기를 한다.

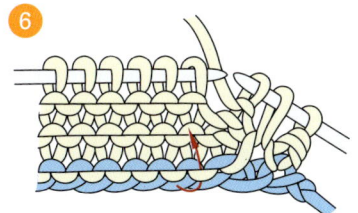

밑코는 겉뜨기, 윗코는 안뜨기를 번갈아 한다.

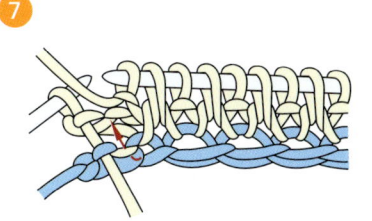

밑단의 마지막 코는 왼쪽 바늘에 꿴다.

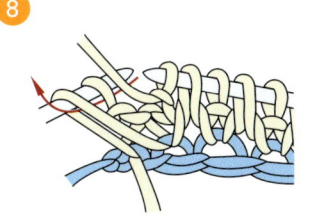

밑단 마지막 코와 윗단 마지막 코를 겉뜨기한다.

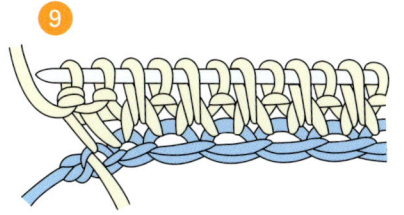

사슬을 풀어낸다.

| 1코 고무뜨기 ❷ |

기초코가 1코 고무뜨기 모양으로 만들어지며 신축성도 있다.
1코 고무뜨기를 뜨기 시작할 때 사용한다.

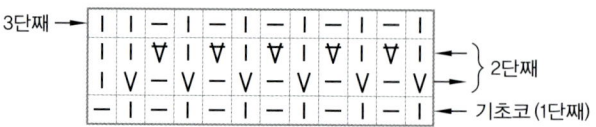

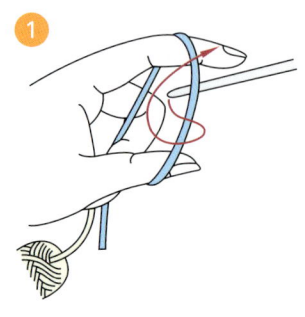

1 뜨려는 폭의 약 3배 길이의 실을 집게 손가락 위에 건다. 바늘을 화살표처럼 한번 회전시켜 실을 바늘에 감는다.

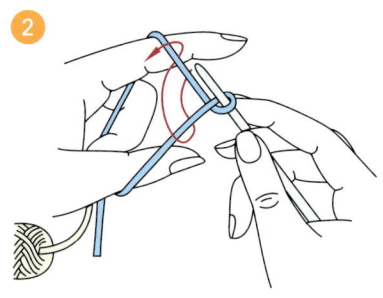

2 이것이 겉뜨기이다. 다음은 화살표처럼 실을 건다.

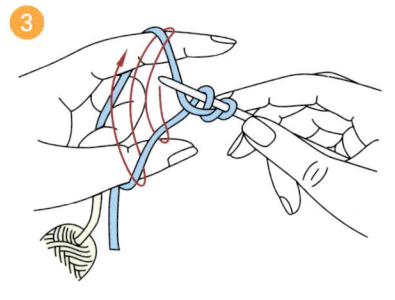

3 이것이 안뜨기이다. 2번째부터의 겉뜨기는 화살표처럼 안쪽에서부터 실을 건다. 다음은 ❷~❸을 반복한다(이것이 1단).

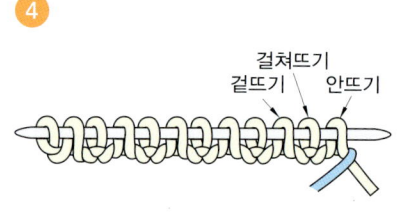

4 2단째는 주머니뜨기(1번 왕복하여 뜬다)를 한다.

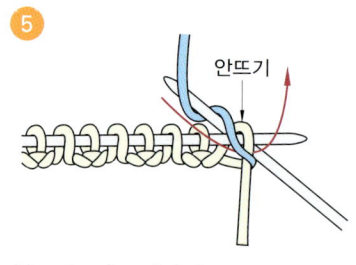

5 첫 코는 안뜨기이다.

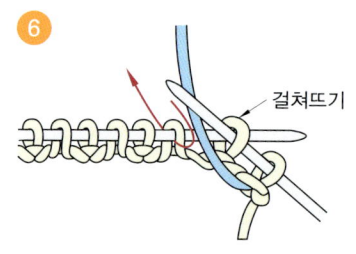

6 2번째 코는 실을 앞쪽에 두고 뜨지 않은 채 오른쪽 바늘에 옮긴다(걸쳐뜨기).

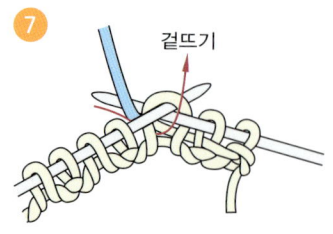

7 3번째 코는 겉뜨기이다. 다음은 걸쳐뜨기, 겉뜨기를 반복한다.

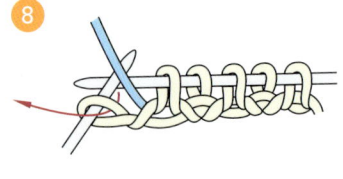

8 마지막 코는 걸쳐뜨기이다.

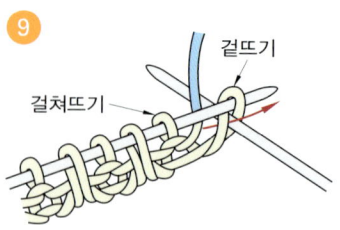

9 2단째 돌아올 때는 뒤집어 겉쪽에서 보고 뜬다. 바로 밑단에서 뜨지 않았던 코는 겉뜨기, 떴던 코는 걸쳐뜨기이다.

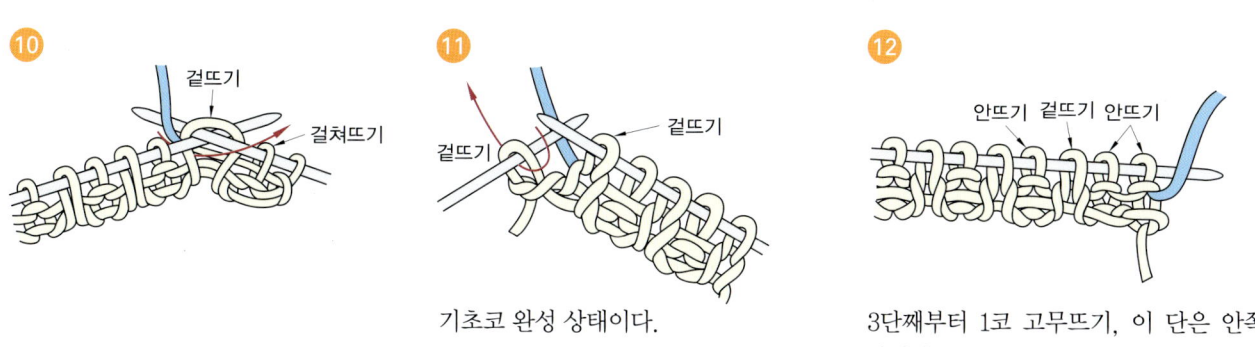

기초코 완성 상태이다.

3단께부터 1코 고무뜨기, 이 단은 안쪽 단이다.

2코 고무뜨기

기초코가 1코 고무뜨기 모양으로 만들어진다.
1코 고무뜨기 기초코 만들기와 같다.

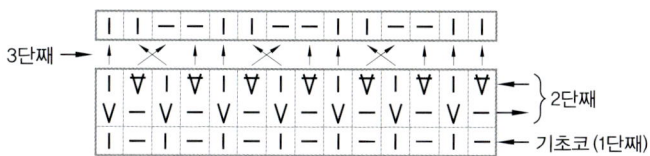

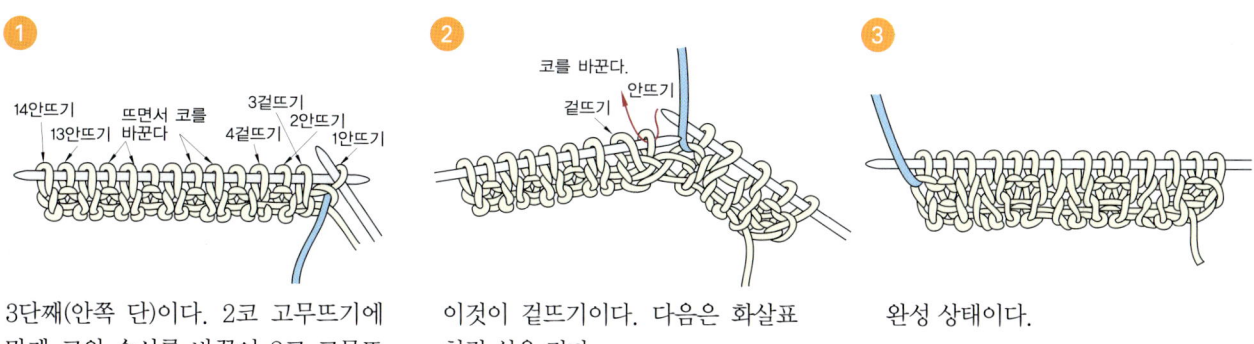

3단째(안쪽 단)이다. 2코 고무뜨기에 맞게 코의 순서를 바꾸어 2코 고무뜨기를 한다.

이것이 겉뜨기이다. 다음은 화살표처럼 실을 건다.

완성 상태이다.

161

코막음 하기

| 우측(겉코) 줄이기 |

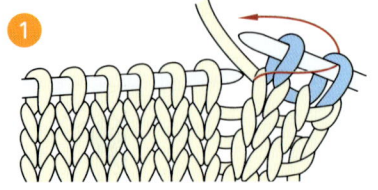

① 2코를 뜨고 왼쪽 바늘을 첫코에 꿰어 씌운다.

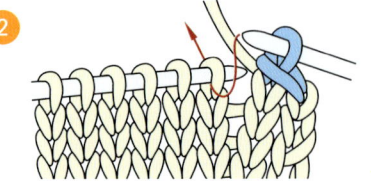

② 1코씩 뜨면서 뒷코를 씌운다.

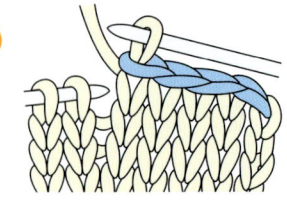

③ 쉼코 수만큼 씌워 줄인다.

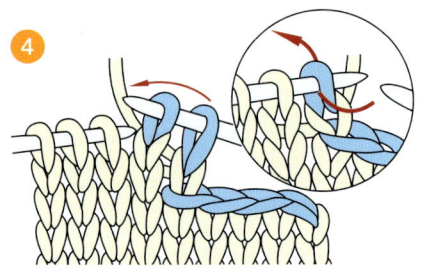

④ 2단째부터는 첫코를 뜨지 않고, 오른쪽 바늘에 옮긴 다음 코를 떠서 씌운다.

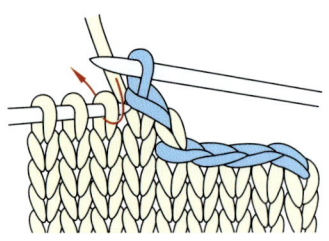

⑤ 그 다음코를 떠서 씌운다.

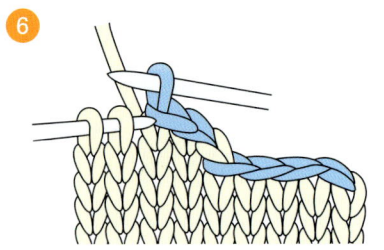

⑥ 단마다 첫코를 빼고, 원하는 콧수만큼 줄인다.

| 좌측(안코) 줄이기 |

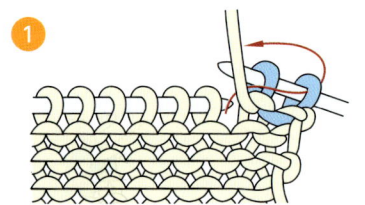

① 2코를 안뜨기로 뜨고, 왼쪽 바늘을 첫코에 꿰어 씌운다.

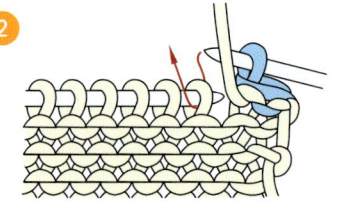

② 1코씩 뜨면서 뒷코를 씌운다.

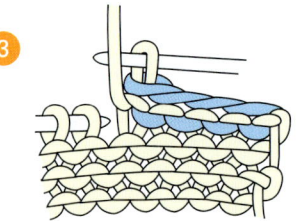

③ 쉼코 수만큼 씌워 줄인다.

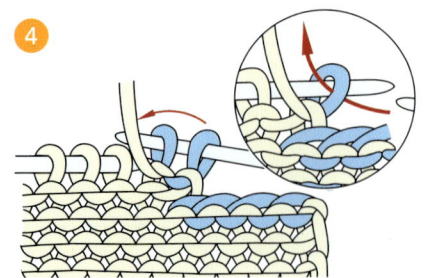

④ 2단째부터는 첫코를 뜨지 않고, 오른쪽 바늘에 옮긴 다음 코를 떠서 씌운다.

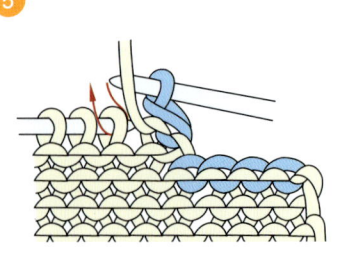

⑤ 그 다음코를 떠서 씌운다.

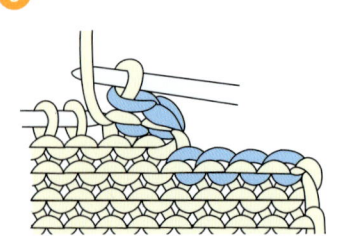

⑥ 단마다 첫코를 빼고, 원하는 콧수만큼 줄인다.

코 줄이는 법

| 겉코의 줄임 |

우측

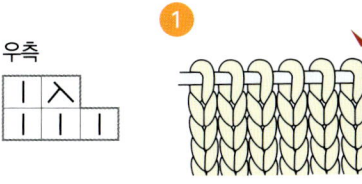
첫코를 빼고 다음코를 뜬다.

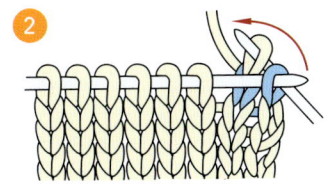
뒷코를 씌운다.

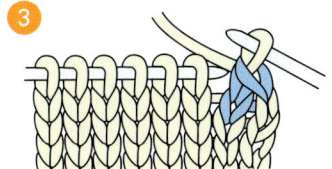
오른코 겹치기가 완성된다.

좌측

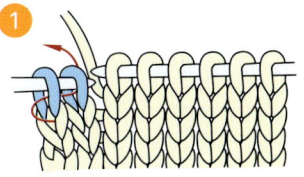
마지막 남은 2코를 오른쪽 바늘에 마지막 코부터 한꺼번에 꿴다.

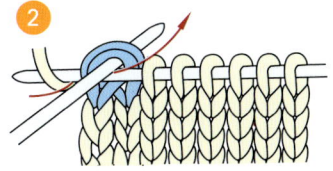
2코를 한꺼번에 뜬다.

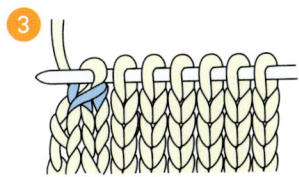
왼코 겹치기가 완성된다.

| 안코의 줄임 |

우측

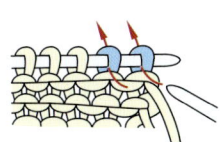
첫코와 다음코를 1코씩 오른쪽 바늘에 옮긴다.

방향을 바꿔 다시 왼쪽 바늘에 옮긴다.

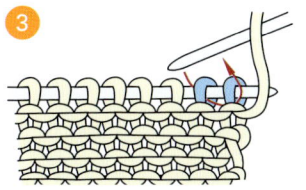
오른쪽 바늘로 뒤쪽 방향에서 2코를 함께 뜬다.

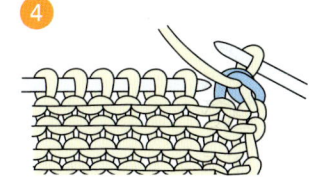
우측 2코 줄임이 완성된다.

좌측

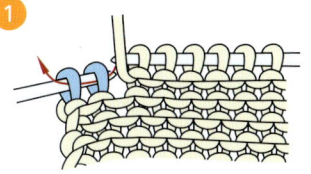
2코를 한꺼번에 꿴다.

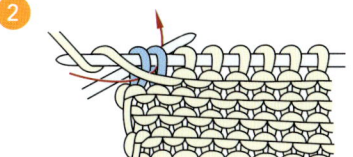
2코를 한꺼번에 뜬다.

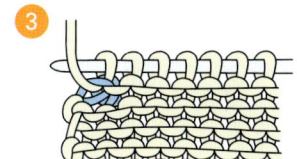
좌측 2코 줄임이 완성된다.

코 늘리는 법

| 코와 코 사이의 늘림 |

우측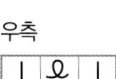

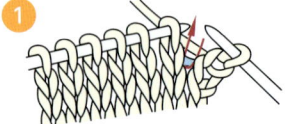
우측 첫코 사이의 가로선을 끌어올린다.

끌어올린 코를 돌려뜨기 한다.

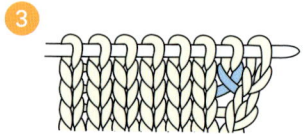
우측 코늘림이 완성된다.

좌측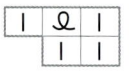

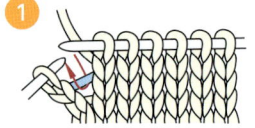
마지막 코 사이의 가로선을 끌어올린다.

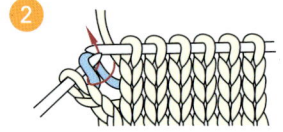
끌어올린 코를 돌려뜨기 한다.

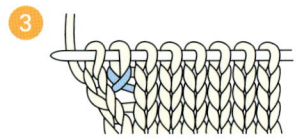
좌측 코늘림이 완성된다.

| 코의 나눔 |

우측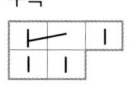

둘째코 밑단의 코를 끌어올린다.

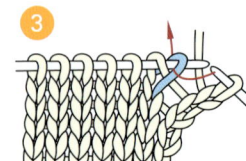
끌어올린 코를 왼쪽 바늘에 옮긴다.

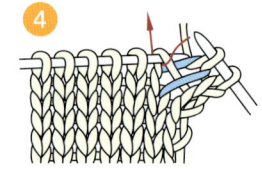
겉뜨기로 뜬다.

다음 코를 진행한다.

좌측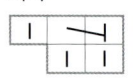

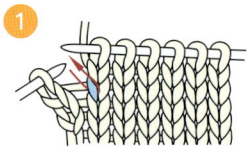
마지막 직전 코의 두 번째 밑단 코를 끌어올린다.

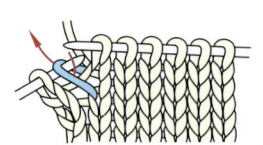
끌어올린 코를 왼쪽 바늘에 옮긴다.

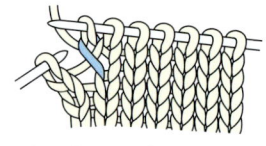
겉뜨기로 뜬다.

| 바늘 비우기의 코늘림 |

우측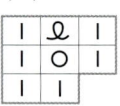

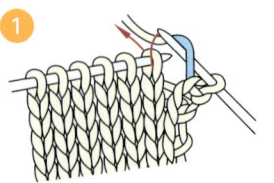
첫코를 뜨고 바늘 비우기 한다.

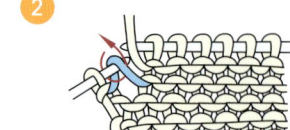
안뜨기로 돌아오면서 돌려뜨기 한다.

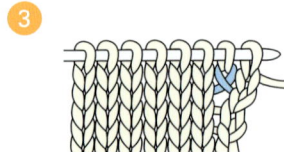
우측 늘림이 완성된다.

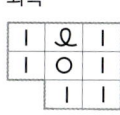
좌측

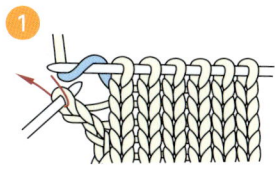
① 마지막 코 직전에 바늘 비우기 한다.

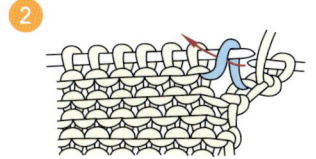
② 안뜨기로 돌아오면서 돌려뜨기 한다.

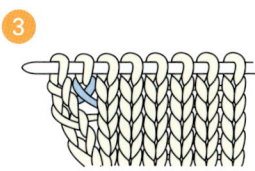
③ 좌측 늘림이 완성된다.

1코 고무뜨기 마무리 법

| 직선형 |

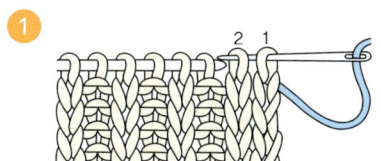
①

②

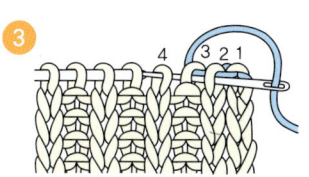
③

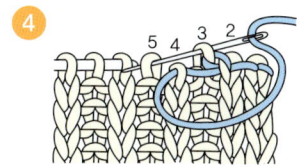
④

⑤

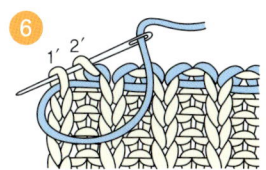
⑥

| 처음과 끝코가 겉뜨기 1코인 경우 |

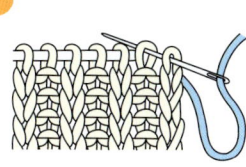
①

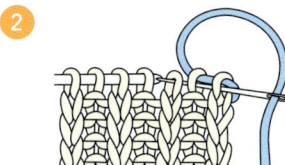
②

| 끝코가 겉뜨기 2코인 경우 |

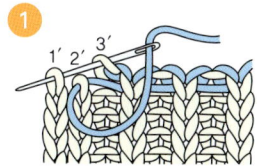
①

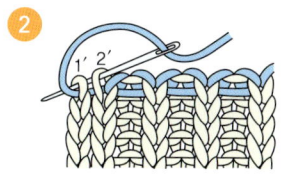
②

| 둥근형 |

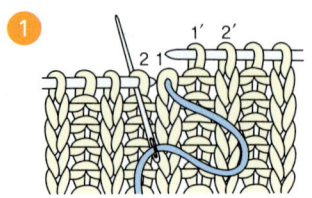 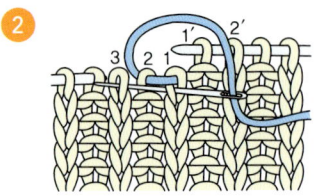 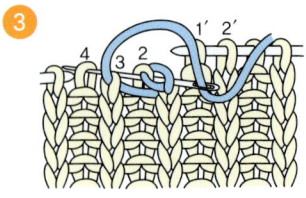
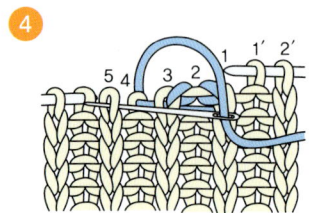 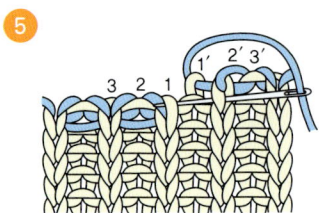 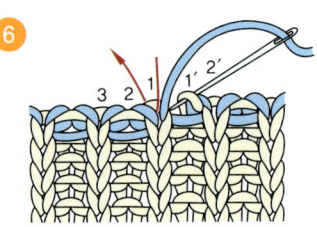

2코 고무뜨기 마무리 법

| 직선형 |

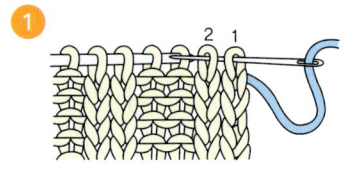 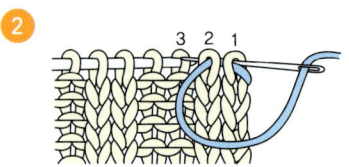 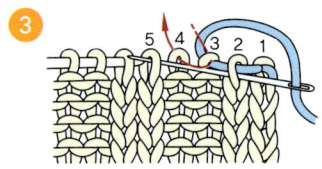
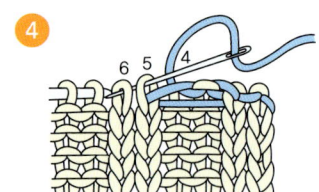 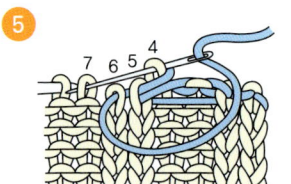 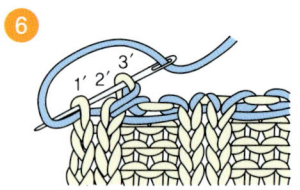

| 처음과 끝이 겉뜨기 3코인 경우 |

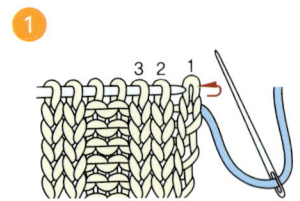 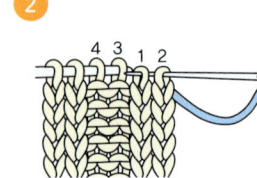 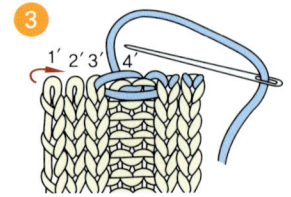 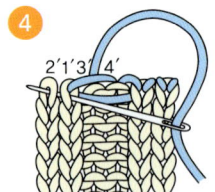

1번코를 2번에 씌운다.　　　　　　　　　　1´번코 2´번에 씌운다.

| 둥근형 |

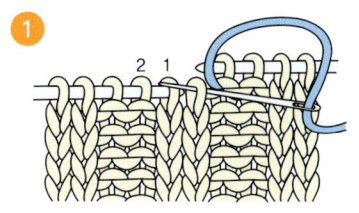 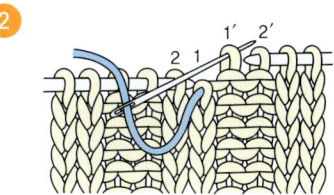 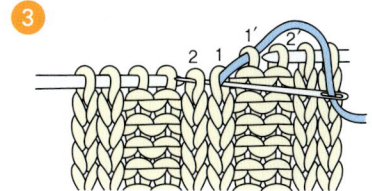

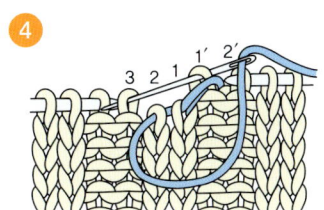 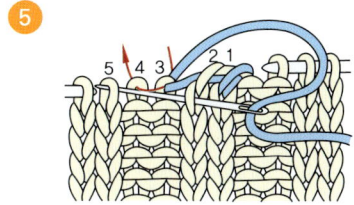 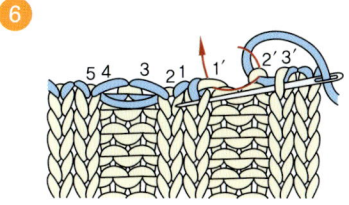

잇는 법

| 빼떠서 잇기 |

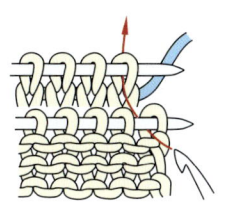 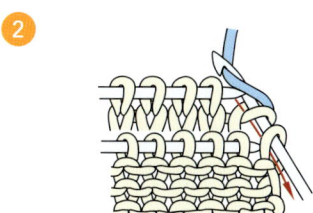 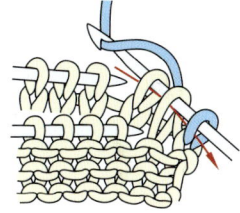

양쪽 바늘에 있는 코를 한꺼번에
꿰어 빼뜨기 한다.

| 덮어 씌워 잇기 |

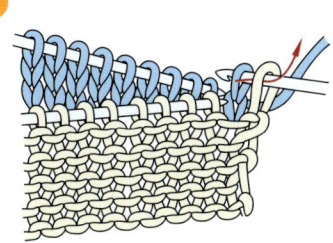 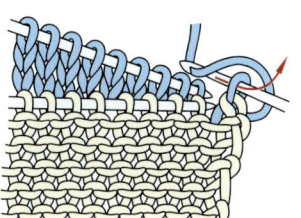 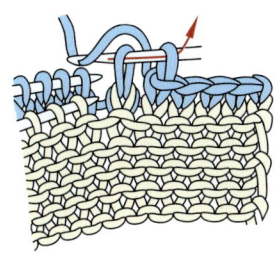

뒤쪽 바늘에 있는 코를 앞쪽 코에
꿴 다음 덮어 끼운다.

| 옆선 잇기 |

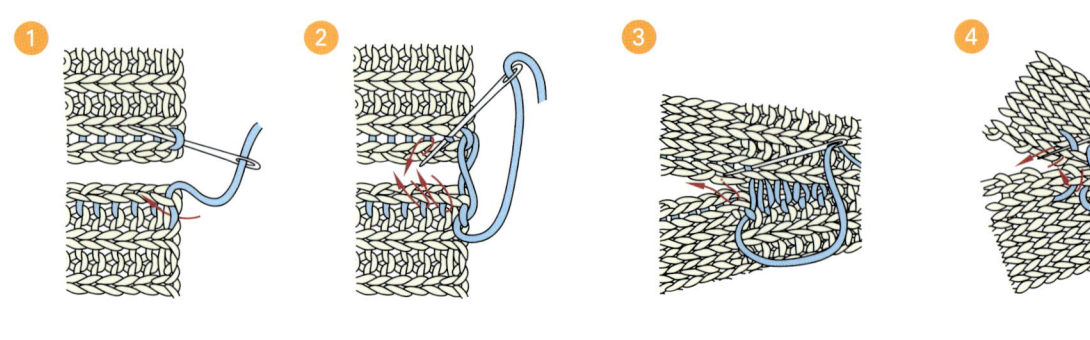

| 빼떠서 잇기 |

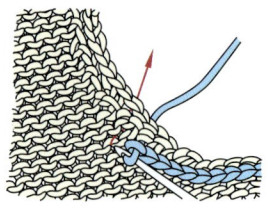

| 반박음질 하기 |

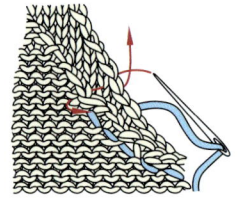

두 가지 방법은 주로 소매를
이을 때 사용한다.

경사뜨는 법

| 우 측 |

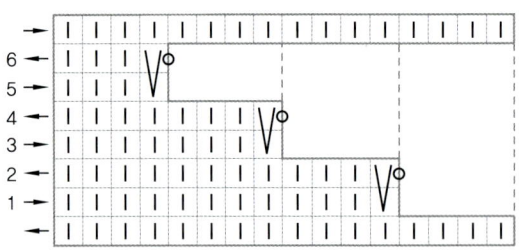

첫단에 4코를 뜨지 않고 남긴다.

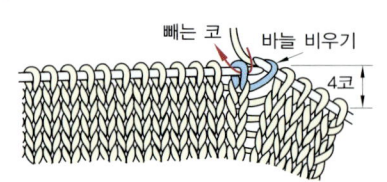

2단째 바늘 비우기를 하면서 시작코를
뜨지 않고 뺀다.

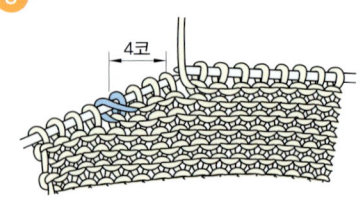

3단째에 다시 4코를 남긴다.

④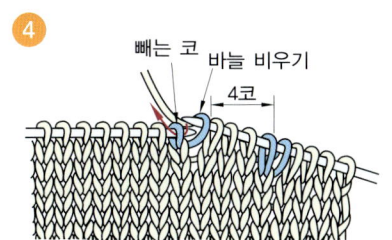

4단째 바늘 비우기를 하면서 시작코를 뜨지 않고 뺀다.

⑤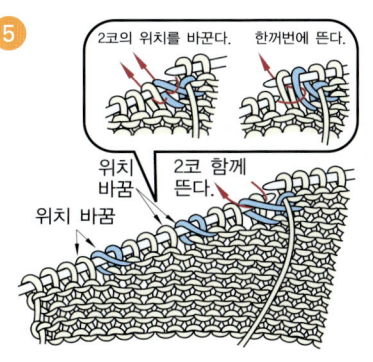

마지막 단은 안뜨기로 바늘 비우기 코와 바로 밑 코의 위치를 바꿔 오른쪽 세워 줄임하면서 뜬다.

⑥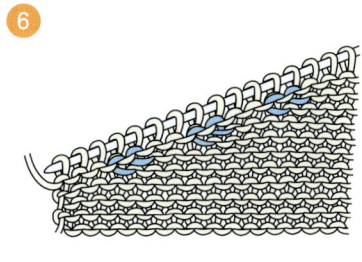

마지막 단이 완성된다.

| 좌 측 |

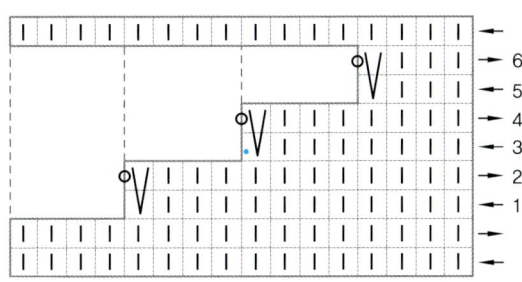

①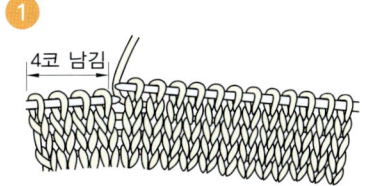

첫단에 4코를 뜨지 않고 남긴다.

②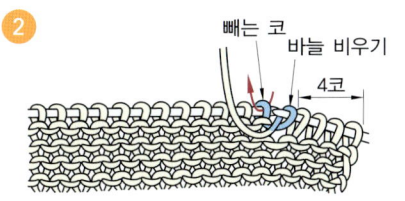

2단째 안쪽에서 바늘 비우기를 하면서 시작코를 뜨지 않고 뺀다.

③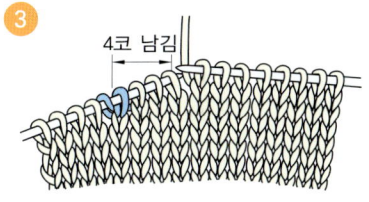

3단째에 다시 4코를 남긴다.

④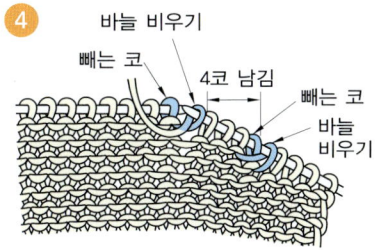

4단째 바늘 비우기를 하면서 시작코를 뜨지 않고 뺀다.

⑤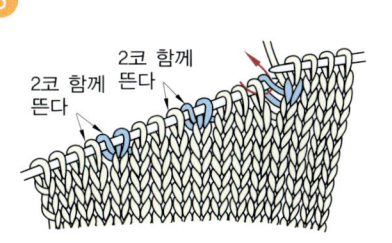

마지막 단은 바늘 비우기 코와 바로 밑코를 왼쪽 세워 줄임하면서 뜬다.

⑥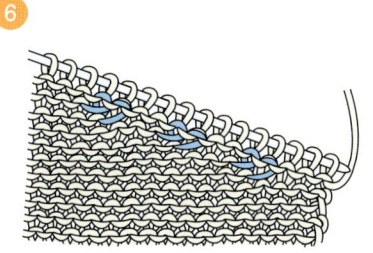

마지막 단이 완성된다.

Round-neck 코 줍기

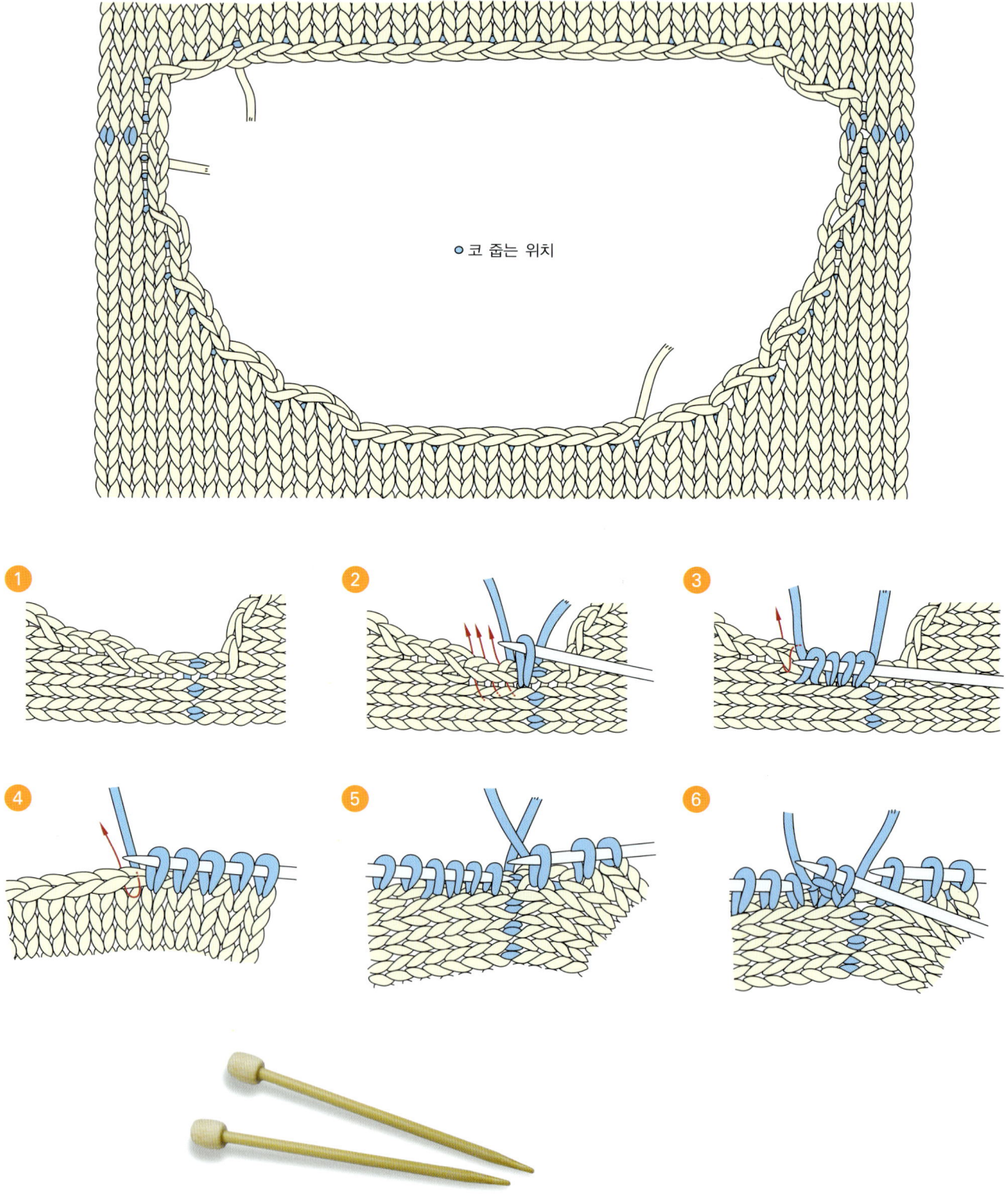

○ 코 줍는 위치

V-neck 코 줍기

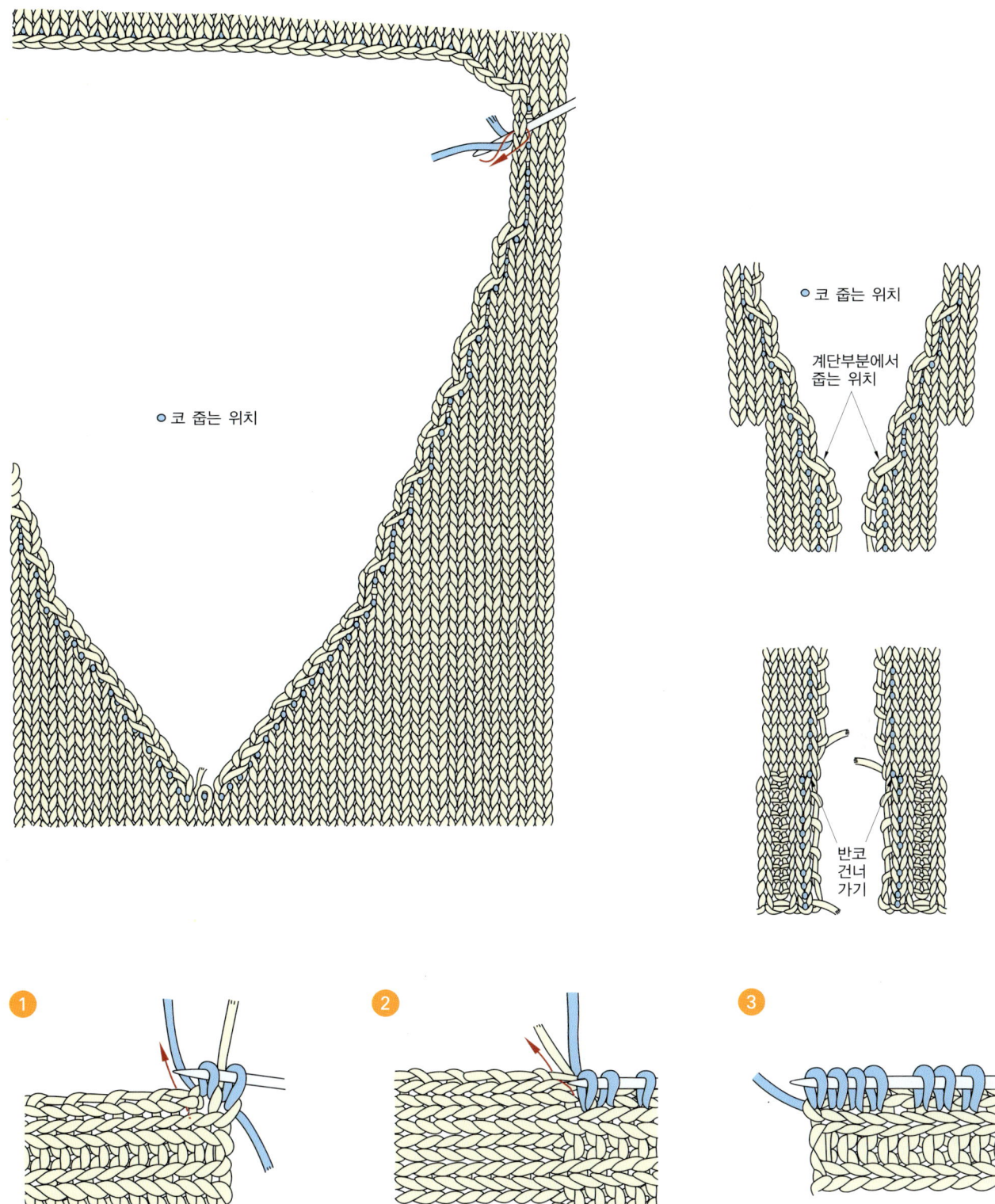

코 기호와 뜨는 법

| 겉코

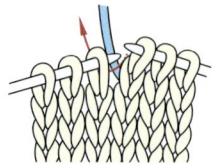 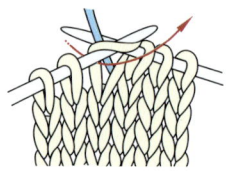 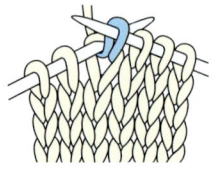 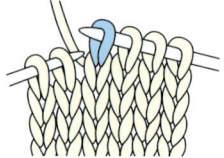

1 실을 건너편에 두고 오른쪽 바늘을 앞쪽으로 넣는다.
2 오른쪽 바늘에 실을 걸어서 화살표와 같이 앞쪽으로 빼낸다.
3 오른쪽 바늘에 고리가 걸려 나오면 왼쪽 바늘을 빼낸다.
4 겉코가 완성된다.

— 안코

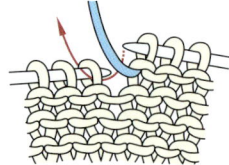 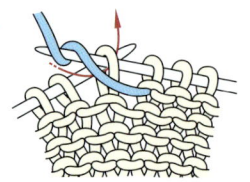 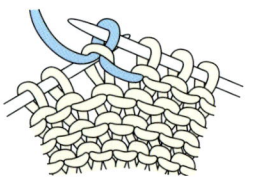 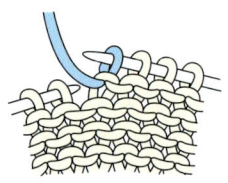

1 실을 앞쪽에 두고 바늘을 화살표와 같이 건너편에 넣는다.
2 그림과 같이 실을 걸어서 반대쪽으로 빼낸다.
3 오른쪽 바늘에 고리가 걸리면 왼쪽 바늘을 빼낸다.
4 안코가 완성된다.

○ 걸기코

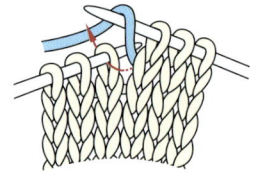 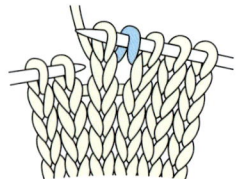 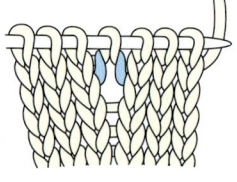

1 오른쪽 바늘에 앞쪽부터 그림과 같이 실을 건다.
2 다음 코에 앞쪽부터 바늘을 넣어 보통으로 뜬다.
3 다음 단을 뜬다. 걸기코가 완성된다.

ℓ 돌려뜨기

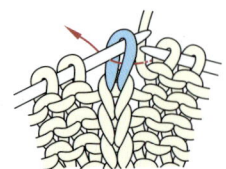 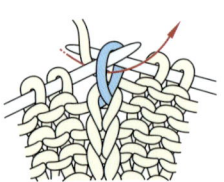  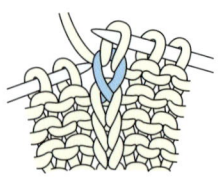

1 오른쪽 바늘을 화살표 같이 건너편 쪽에서 왼쪽 바늘 아래로 넣는다.
2 오른쪽 바늘에 실을 걸어서 화살표 같이 아래쪽으로 빼낸다.
3 빼낸 고리 아래코의 뿌리가 돌려진다.
4 뜬코의 아래코가 돌려져서 완성된다.

⟨人⟩ 오른코 겹치기

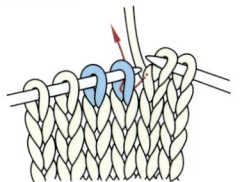 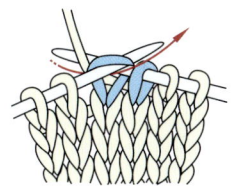 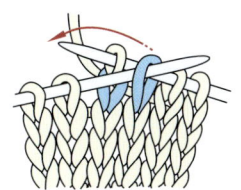 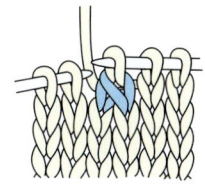

1 오른쪽 코에 앞쪽부터 바늘을 넣어서 뜨지 않은 바늘로 이동한다.

2 왼쪽 코에 바늘을 넣어서 실을 빼내고 겉코를 뜬다.

3 먼저 이동한 코에 왼쪽 바늘을 넣어 뜬 코에 덮어 씌운다.

4 오른코 겹치기가 완성된다.

⟨人⟩ 왼코 겹치기

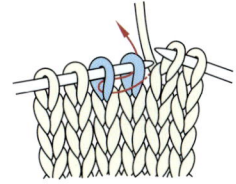 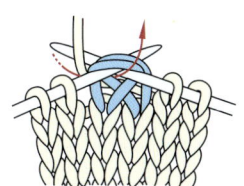 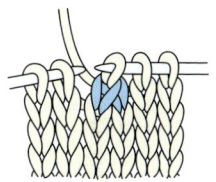

1 화살표 같이 왼쪽으로부터 2코를 한번에 바늘을 넣는다.

2 바늘에 실을 걸어서 빼내고, 2코를 한꺼번에 겉뜨기로 뜬다.

3 왼코 겹치기가 완성된다.

⟨人⟩ 오른코 겹치기(안뜨기의 경우)

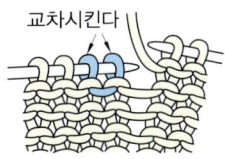 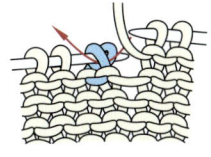 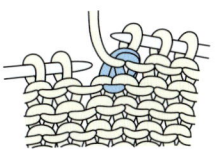 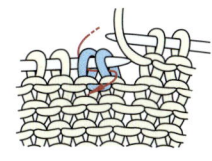

1 2코의 순서를 오른쪽의 코가 앞쪽이 되도록 바꾼다.

2 화살표와 같이 바늘을 넣어서 2코를 한꺼번에 안뜨기로 뜬다.

3 안뜨기와 오른코 겹치기가 완성된다.

4 2코의 방향을 바꾸어서 화살표 방향으로 넣어서 뜰 수도 있다.

⟨人⟩ 왼코 겹치기(안뜨기의 경우)

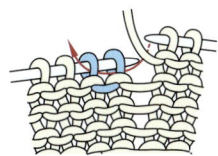 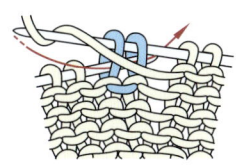 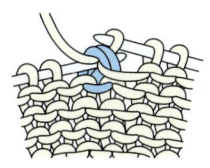 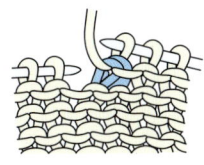

1 화살표처럼 2코 우측에서 한번에 바늘을 넣는다.

2 그림처럼 실을 걸어서 화살표 방향으로 실을 빼낸다.

3 2코를 한꺼번에 안코를 뜨면서 왼쪽 바늘을 뺀다.

4 안뜨기와 왼코 겹치기가 완성된다.

⊼ 중심 3코 모아뜨기

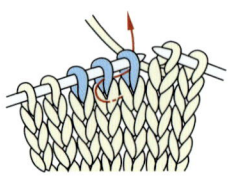 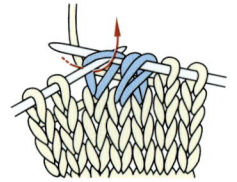 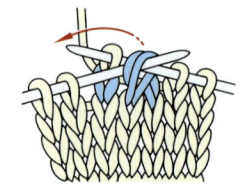 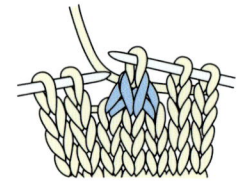

1 우선 오른쪽 2코에 바늘을 넣어 뜨지 않고, 오른쪽 바늘을 옮긴다.

2 3코째에 바늘을 넣어서 실을 빼내고 겉코를 뜬다.

3 먼저 옮긴 2코에 왼쪽 바늘을 넣고, 뜬 코를 덮어 씌운다.

4 중심 3코가 완성된다.

⊼ 오른코 중심 3코 모아뜨기

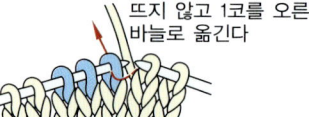 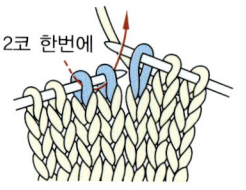 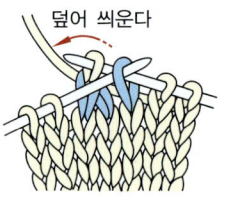 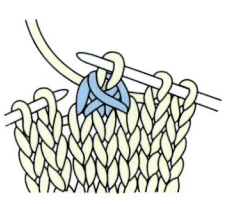

1 1번째 코에 앞쪽으로 바늘을 넣고 뜨지 않고, 오른쪽 바늘로 이동한다.

2 다음 2코에 화살표 방향으로 바늘을 넣어서, 2코를 한꺼번에 뜬다.

3 옮겨둔 코에 왼쪽 바늘을 넣어서, 뜬 코에 덮어 씌운다.

4 오른쪽 중심 3코 모아뜨기가 완성된다.

⊼ 왼코 중심 3코 모아뜨기

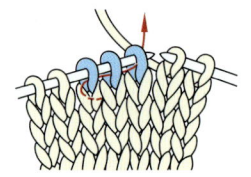 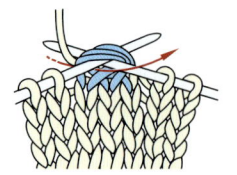 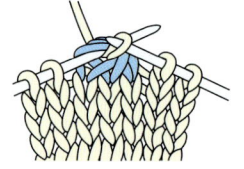 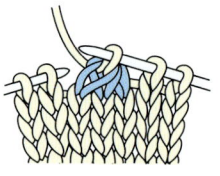

1 화살표처럼 3코 왼쪽부터 오른쪽 바늘을 한번에 넣는다.

2 3코를 한꺼번에 겉뜨기 한다.

3 겉코가 떠지면 왼쪽 바늘을 빼낸다.

4 왼코 중심 3코 모아뜨기가 완성된다.

⊽3 = 3코 만들기(겉코 떠내는 코늘림)

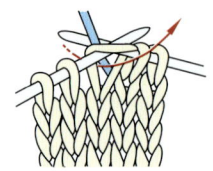 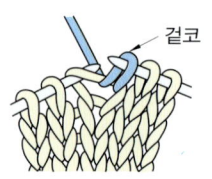 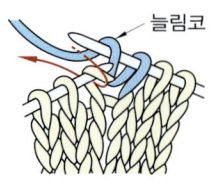 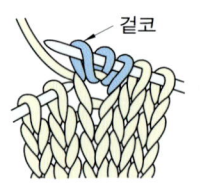

1 앞쪽으로 바늘을 넣어서 실을 걸고, 앞쪽으로 빼낸다.

2 우선 겉코를 1코 뜬다.

3 뜬코를 왼쪽 바늘에 걸어둔 채 늘림을 뜬다.

4 같은 코에 1코 겉코를 떠서 완성한다.

∨₃ = |-|-| 3코 만들기(중앙 안코 떠내는 코늘림)

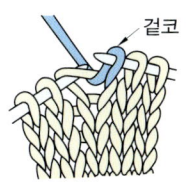 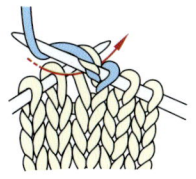 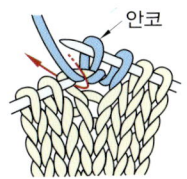 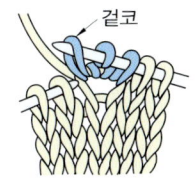

1 먼저 겉코를 1코 뜬다.

2 왼쪽 바늘코를 걸어둔 채로 같은 코에 안코를 뜬다.

3 다시 같은 코에 모아 1코 겉코를 뜬다.

4 겉코, 안코, 겉코 떠내기, 늘림코가 완성된다.

3코 3단 방울뜨기

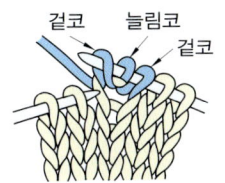 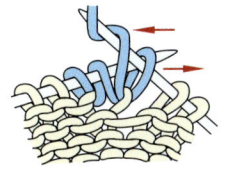 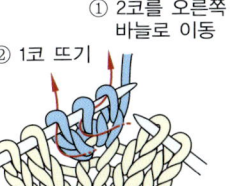 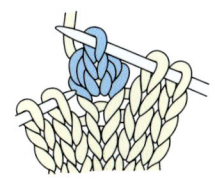

1 1코에 겉코, 늘림코, 겉코 떠내기, 늘림코를 뜬다.

2 바꿔서 안코쪽을 보면서 3코 만을 안코로 뜬다.

3 또 바꿔서 2코를 뜨지 않고 옮겨서 3번째 코를 뜬다.

4 이동해서 2코를 뜬 코에 덮어 씌워 완성한다.

3코 5단 방울뜨기

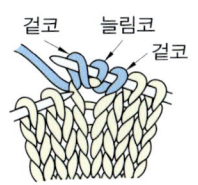 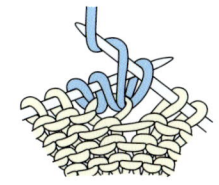 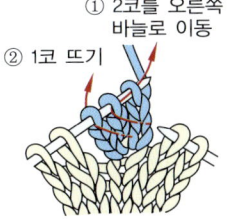 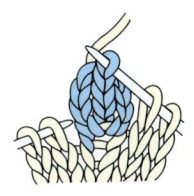

1 겉코, 늘림코, 겉코 3코를 뜬다.

2 떠놓은 3코만을 안-겉-안으로 바꿔가며 뜬다.

3 바꿔서 2코를 뜨지 않고, 오른쪽 바늘로 이동하여 3번째 코를 뜬다.

4 이동한 2코를 뜬 코에 덮어 씌워 완성한다.

1길 긴뜨기 2코 방울뜨기

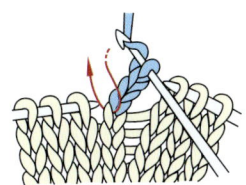 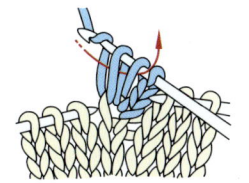 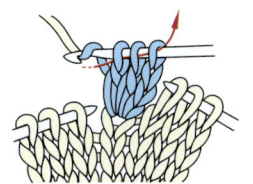 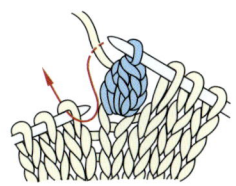

1 코바늘을 사용한다. 사슬을 3코 떠서 화살표 위치에 바늘을 넣는다.

2 실을 걸어 빼고 한번 더 걸어서 고리 2개만 빼낸다.

3 한번 더 반복해서 미완성 1길 긴뜨기를 2코 뜨고, 모든 코를 빼낸다.

4 코바늘에서 오른쪽 바늘로 이동한다. 1길 긴뜨기 2코 방울뜨기가 완성된다.

⬚₂ 2번 감아서 드라이브뜨기

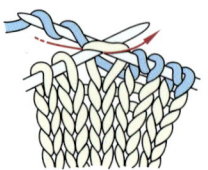 
왼쪽 바늘에서 옮긴다.
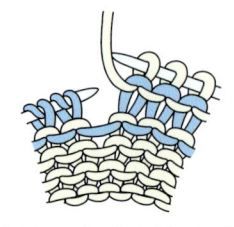

1 겉코를 뜨고 실을 빼낼 때 실을 2번 감는다.

2 다음 단을 뜰 때 감은 실을 풀면서 뜬다.

3 길게 뜬 코가 되어 두 번 감아서 드라이브뜨기가 완성된다.

⌧ 오른쪽 위 1코 교차

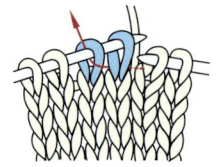 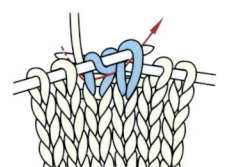 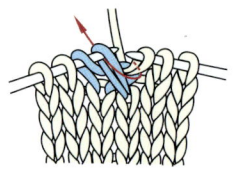 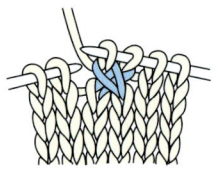

1 오른쪽 코 건너편 왼쪽 코에 바늘을 넣는다.

2 실을 걸어서 화살표처럼 빼내서 겉코를 뜬다.

3 왼쪽 코는 바늘에 걸린 채 오른쪽 코도 겉코를 뜬다.

4 왼쪽 바늘에서 2코를 옮기면 완성된다.

⌧ 왼쪽 위 1코 교차

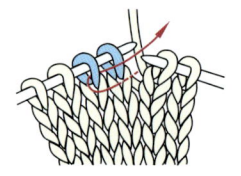 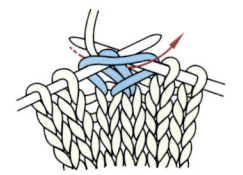 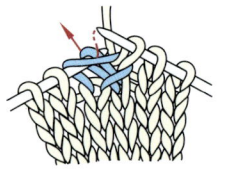 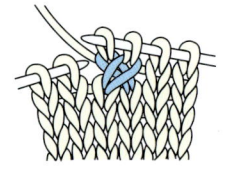

1 왼쪽 코에 화살표처럼 앞쪽부터 바늘을 넣는다.

2 왼쪽 코를 오른쪽으로 넘겨서 실을 걸어 겉코를 뜬다.

3 왼쪽 코는 바늘에 걸린 채 오른쪽 코를 겉코로 뜬다.

4 왼쪽 바늘을 빼내면 왼쪽 위 1코 교차가 완성된다.

⌧ 오른쪽 위 1코 교차(아래쪽 안코)

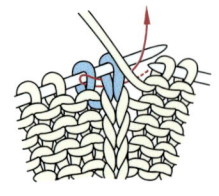 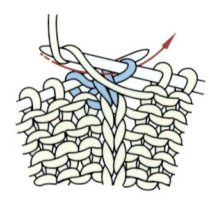 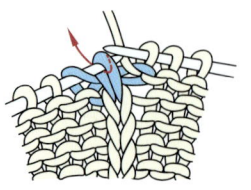 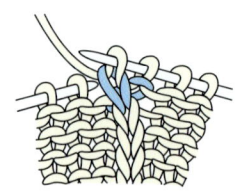

1 오른쪽 코의 건너편부터 왼쪽 코에 바늘을 넣는다.

2 왼쪽 코를 오른쪽으로 넘겨서 실을 걸어 안코를 뜬다.

3 왼쪽 코는 바늘에 걸린 채 오른쪽 코를 겉코로 뜬다.

4 왼쪽 바늘의 2코를 옮기면 완성된다.

⊠ 왼쪽 위 1코 교차(아래쪽 안코)

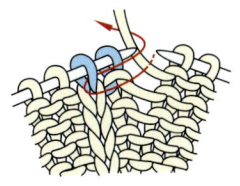 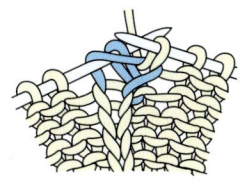 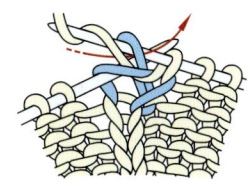 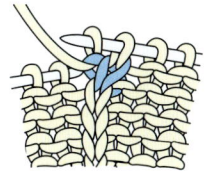

1 왼쪽 코에 화살표처럼 앞쪽부터 바늘을 넣는다.

2 왼쪽 코를 그림과 같이 오른쪽으로 넘겨서 겉코로 뜬다.

3 뜬 코를 왼쪽 바늘에 걸어둔 채 오른쪽 코를 안코로 뜬다.

4 2코를 왼쪽 바늘에서 옮기면 완성된다.

⊠ 오른쪽 위 돌려 1코 교차

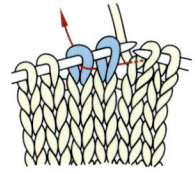 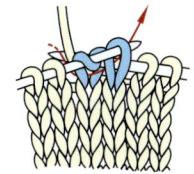 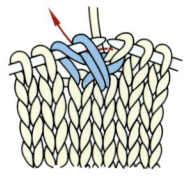 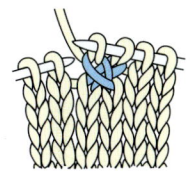

1 오른쪽 코의 건너편부터 왼쪽 코에 바늘을 넣는다.

2 실을 걸어서 화살표처럼 빼내고 겉코를 뜬다.

3 왼쪽 코를 걸어둔 채 오른쪽 코를 돌린코로 뜬다.

4 왼쪽 바늘에서 2코가 옮겨가면 완성된다.

⊠ 왼쪽 위 돌려 1코 교차

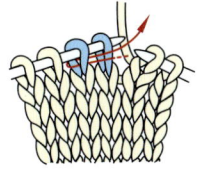 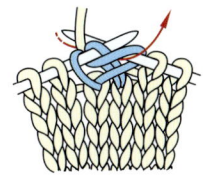 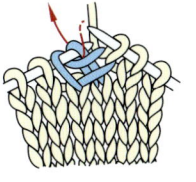 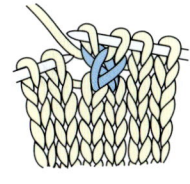

1 왼쪽 코에 앞쪽부터 돌리도록 바늘을 넣는다.

2 오른쪽에 넘겨진 실을 빼내서 돌린코로 뜬다.

3 뜬 코를 걸어둔 채 오른쪽 코를 겉코로 뜬다.

4 왼쪽 바늘에서 2코가 옮겨가면 완성된다.

⊠ 오른쪽 위 돌려 1코 교차(아래쪽 안코)

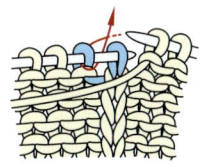 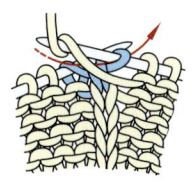 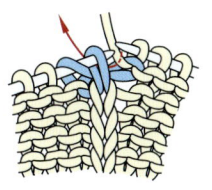 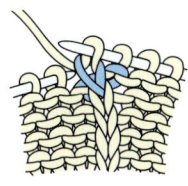

1 실을 앞쪽으로 해서 왼쪽의 건너편에서부터 바늘을 넣는다.

2 그림처럼 오른쪽으로 넘겨서 안코를 뜬다.

3 뜬 코를 걸어둔 채 오른쪽 코를 돌린코로 뜬다.

4 왼쪽 바늘에서 2코가 옮겨가면 완성된다.

왼쪽 위 돌려 1코 교차(아래쪽 안코)

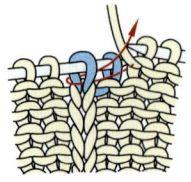 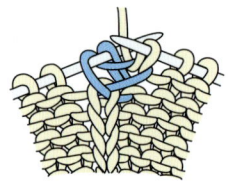  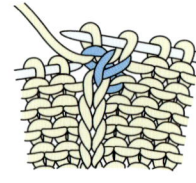

1 왼쪽 코에 화살표처럼 돌리도록 바늘을 넣는다.

2 오른쪽으로 넘겨서 겉코를 뜬다.

3 뜬 코를 왼쪽 바늘에 걸어둔 채 오른쪽 코를 안코로 뜬다.

4 2코를 왼쪽 바늘에서 옮기면 완성된다.

오른쪽 위 1코와 2코 교차

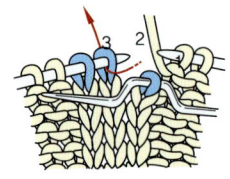 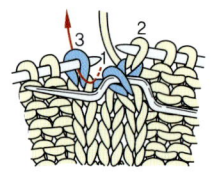 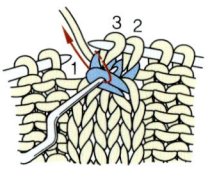 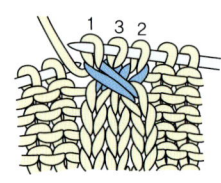

1 1번째 코를 줄뜨기 바늘에 끼워 앞쪽에 두고, 2번째 코를 뜬다.

2 다음 3번째 코에 화살표처럼 바늘을 넣어서 겉코를 뜬다.

3 마지막에 남겨둔 1번째 코를 줄뜨기 바늘에 둔 채 겉코를 뜬다.

4 오른쪽 위 1코와 2코 교차가 완성된다.

왼쪽 위 1코와 2코 교차

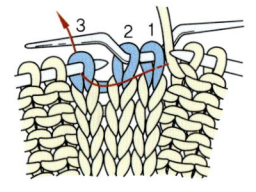 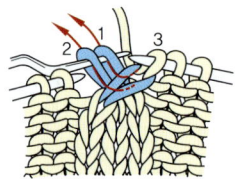 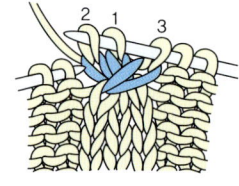

1 2코를 줄뜨기 바늘에 끼워 뒤쪽에 두고, 3번째 코를 뜬다.

2 다음 끼워둔 2코를 줄뜨기 바늘에 둔 채 겉코를 뜬다.

3 왼쪽 위 1코와 2코 교차가 완성된다.

왼쪽 위 1코 오름 교차(사이 1코)

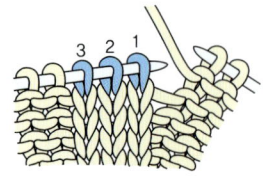 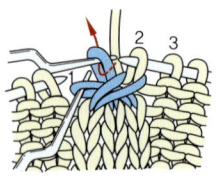 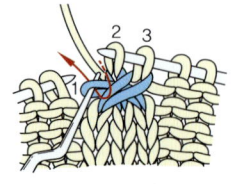 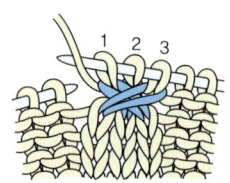

1 1과 2의 코를 줄뜨기 바늘에 끼워서 뒤쪽에 둔다.

2 3의 코를 겉코로 뜨고, 2의 코를 제일 뒤쪽에 두고 겉코로 뜬다.

3 나중에 1의 코에 화살표처럼 바늘을 넣어서 겉코를 뜬다.

4 사이가 겉코 1코인 왼쪽 위 1코 오름 교차가 완성된다.

오른쪽 위 2코 교차

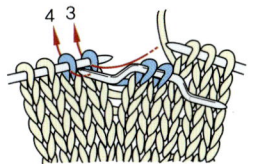

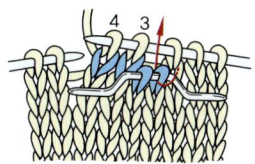

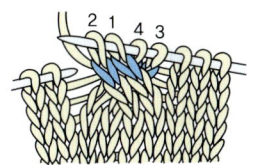

1 오른쪽 2코를 줄뜨기 바늘에 끼워서 앞쪽에 놓아둔다.

2 왼쪽의 3, 4번에 앞쪽부터 바늘을 넣어서 겉코로 뜬다.

3 줄뜨기 바늘의 2코를 겉코로 떠서 오른쪽 위 2코 교차가 완성된다.

왼쪽 위 2코 교차

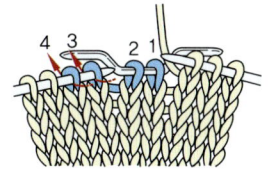

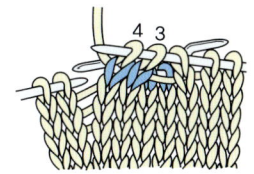

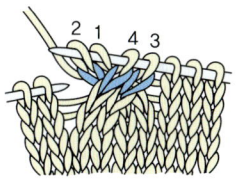

1 오른쪽에 2코를 줄뜨기 바늘에 끼워서 뒤편에 둔다.

2 왼쪽의 3, 4코에 바늘을 넣어서 겉코를 뜬다.

3 줄뜨기 바늘의 2코를 겉코로 떠서 왼쪽 위 2코 교차가 완성된다.

왼쪽 위 1코 오름 교차(사이에 안코 2코)

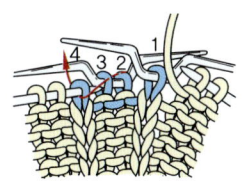

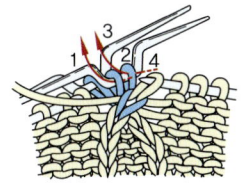

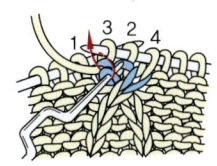

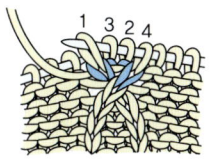

1 1의 코와 2, 3의 코를 2개의 줄뜨기 바늘에 끼워둔다.

2 4의 코를 겉코로 뜬다. 2, 3의 코를 뒤쪽에서 안코로 뜬다.

3 마지막에 1의 코에 앞쪽에서부터 바늘을 넣어서 겉코로 뜬다.

4 사이에 안코 2코 왼쪽 위 1코 오름 교차뜨기가 완성된다.

오른쪽 위 1코 오름 교차(사이 3코)

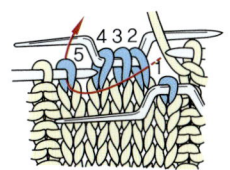

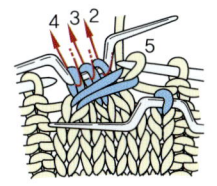

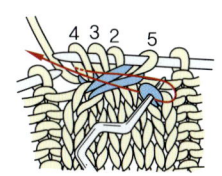

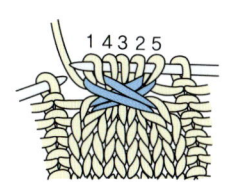

1 1의 코와 2~4의 코를 2개의 줄뜨기 바늘에 끼워둔다.

2 우선 5의 코를 겉코로 뜨고, 2~3의 코를 뜬다.

3 나중에 제일 앞쪽 1의 코를 넣어서 겉코로 뜬다.

4 사이에 겉코 3코 오른쪽 위 1코 오름 교차뜨기가 완성된다.

오른쪽 위 3코 교차

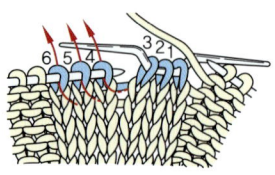 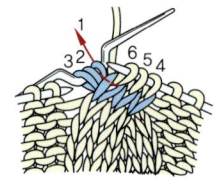 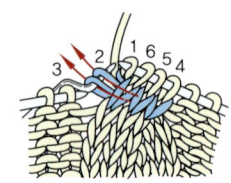 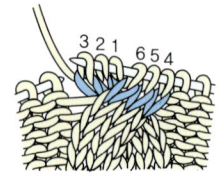

1 오른쪽 3코를 줄뜨기 바늘에 끼워서 뒤쪽에 두고, 왼쪽 3코를 뜬다.

2 놓아둔 3코를 줄뜨기 바늘 채로 왼쪽으로 넘긴다.

3 줄뜨기 바늘의 코에서 앞쪽으로 바늘을 넣어서 겉코를 뜬다.

4 오른쪽 위 3코 교차뜨기가 완성된다.

오른쪽 코에 꿴코(3코)

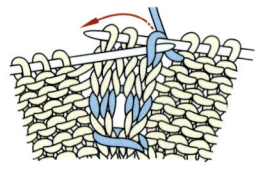 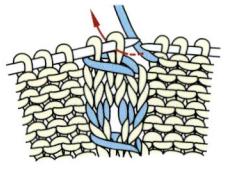 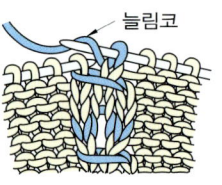 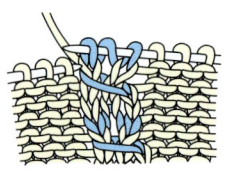

1 3코를 뜨지 않고 오른쪽 바늘에 옮기고, 1번째 코는 코의 방향을 바꾼다.

2 오른쪽 바늘을 1번째 코의 2코에 덮어 씌우고, 2코째를 겉코로 뜬다.

3 다음에 늘림코를 하고, 3번째 코에 바늘을 넣어서 겉코를 뜬다.

4 오른쪽 코에 꿴코(3코)가 완성된다.

왼쪽 코에 꿴코(3코)

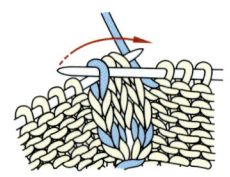 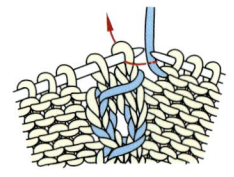 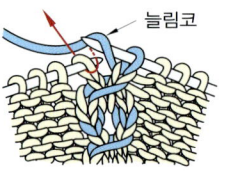 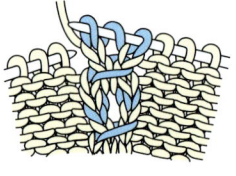

1 3번째 코에 먼저 바늘을 넣고, 화살표와 같이 오른쪽 2코에 덮어 씌운다.

2 오른쪽 코에 앞쪽으로 바늘을 넣어 빼내서 겉코로 뜬다.

3 다음에 늘림코를 하고, 왼쪽 코에 바늘을 넣어서 겉코를 뜬다.

4 왼쪽 코에 꿴코(3코)가 완성된다.

앞걸쳐뜨기(1단)

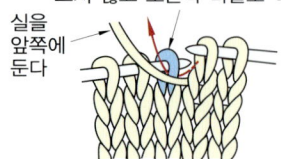 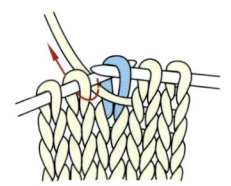 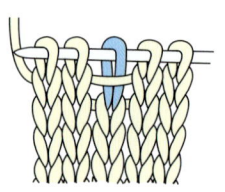

1 실을 앞쪽에 두고, 화살표 방향으로 바늘을 넣어서 뜨지 않고 옮긴다.

2 실을 뒤쪽에 두고, 다음 코부터는 보통으로 뜬다.

3 앞걸쳐뜨기가 완성된다.

 안코 넘긴코(4단)

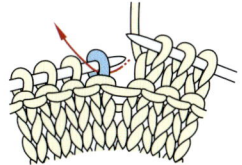 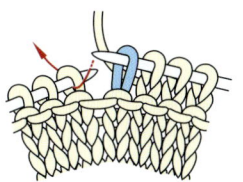 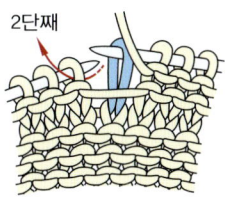 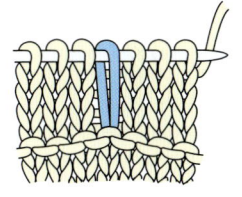

1 실을 뒤편에 두고 안뜨기를 뜨지 않고, 오른쪽 바늘로 이동한다.

2 다음코부터는 보통으로 뜬다.

3 2단째는 실을 앞으로 두고 뜨지 않고, 오른쪽 바늘로 옮긴다.

4 2, 3을 반복해서 안코 4단 넘긴코가 완성된다.

끌어올린코(2단)

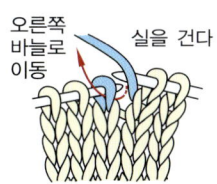  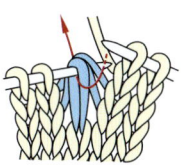 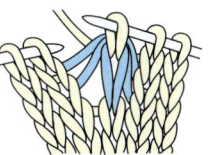

1 실을 바늘에 걸어서 코를 뜨지 않고, 오른쪽 바늘로 이동한다.

2 다음 단도 늘림코를 하고, 같은 코를 뜨지 않고 옮긴다.

3 끌어올린 2단 분량의 늘림코와 코를 함께 뜬다.

4 2단 분량의 끌어올린 코가 완성된다.

안코 끌어올린코(2단)

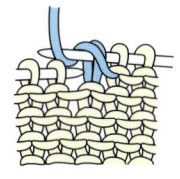 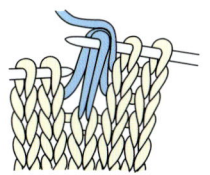 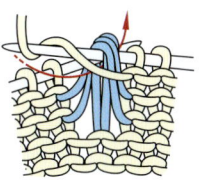 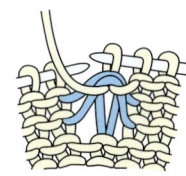

1 실을 바늘에 걸어서 코를 뜨지 않고, 오른쪽 바늘로 옮긴다.

2 다음 단도 늘림코를 하고, 같은 코를 뜨지 않고 옮긴다.

3 끌어올린 2단 분량의 실과 코를 함께 단코로 뜬다.

4 2단 분량의 안코 끌어올린코가 완성된다.

부록 ❷
코바늘뜨기 기호와 뜨는 법

○ 사슬뜨기

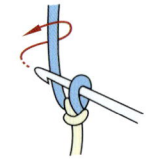 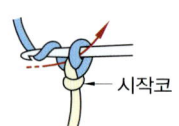 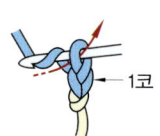 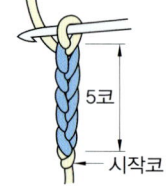 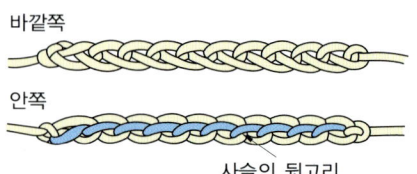

1 화살표와 같이 바늘을 돌린다.

2 고리의 중심으로 실을 꺼낸다.

3 실을 걸어서 2코를 뜬다.

4 시작코는 1코로 세지 않는다.

5 사슬뜨기 코만들기에서 코를 주울 때 보통 사슬의 뒷고리에서 1개씩 줍는다.

+ 짧은뜨기

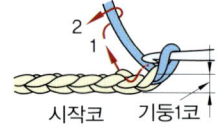 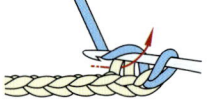 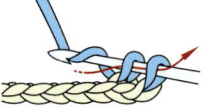 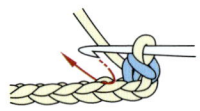 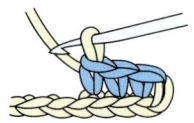

1 사슬1코를 세워서 2코째 뒷고리에 바늘을 넣는다.

2 바늘에 실을 걸어서 화살표와 같이 빼낸다.

3 한번 더 실을 걸어서 2개의 고리를 한번에 빼낸다.

4 짧은뜨기 1코를 뜬다.

5 1~3을 반복하면 짧은뜨기 3코가 떠진다.

T 긴뜨기

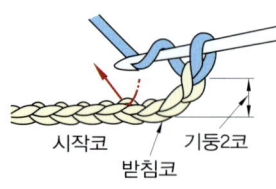 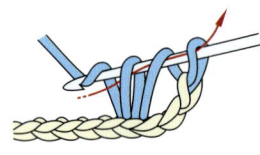 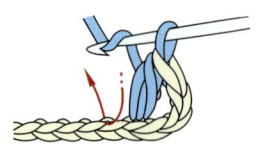 

1 사슬2코를 기둥으로 하여 바늘에 실을 걸어 바늘에서 4번째 사슬의 안쪽 기둥에 바늘을 넣는다.

2 실을 걸어서 고리를 빼내고, 고리를 한번에 빼낸다.

3 긴뜨기 1코를 완성한 후 다음 코를 화살표 위치에 넣어 뜬다.

4 기둥을 1코로 셀 수 있으므로 긴뜨기 4코가 된다.

下 1길 긴뜨기

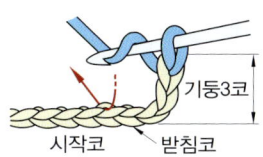 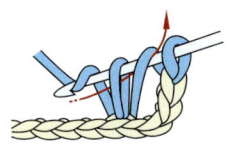 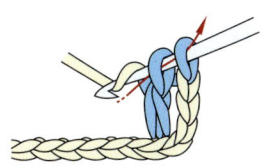 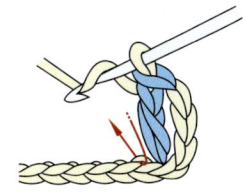

1 사슬3코로 기둥을 세워 실을 걸어 5코째 사슬 뒷고리에 바늘을 넣는다.

2 실을 빼내서 다시 실을 걸어 2개 고리만을 빼낸다.

3 한번 더 실을 걸어서 나머지 2개를 빼낸다.

4 1길 긴뜨기가 완성되었다. 다음코에도 1~3을 반복한다.

干 2길 긴뜨기

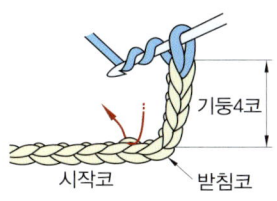 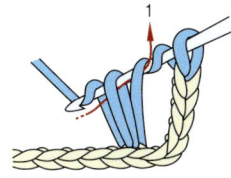 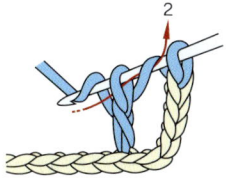 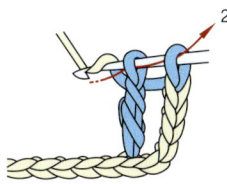 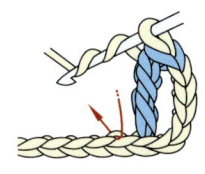

1 바늘에 실을 2번 감아 6번째 코 뒷고리에 실을 넣는다.

2 실을 빼면서 화살표와 같이 2개만을 빼낸다.

3 다시 실을 화살표와 같이 2개씩 빼낸다.

4 다시 한번 실을 걸어서 나머지 1개를 빼낸다.

5 2길 긴뜨기가 완성되었다. 1~4를 반복한다.

사슬3코 피코뜨기

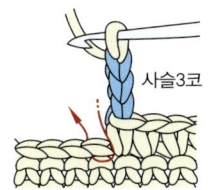 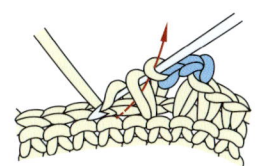 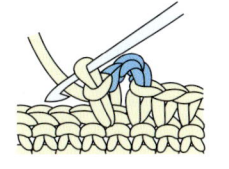 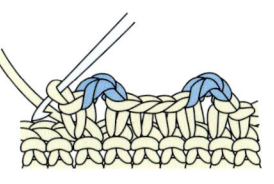

1 사슬3코를 뜬 다음에 화살표의 위치에 바늘을 넣는다.

2 바늘에 실을 걸어서 빼내고, 다시 실을 걸어서 짧은뜨기를 뜬다.

3 사슬3코 피코뜨기 1개가 완성되었다.

4 4코 간격으로 2번째 피코뜨기가 완성된다.

사슬3코 피코빼뜨기

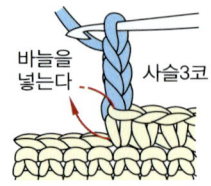 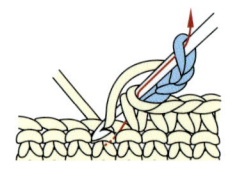 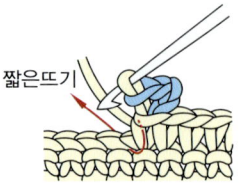 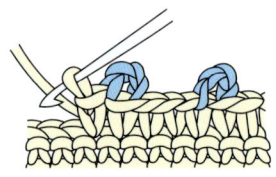

1 사슬3코를 뜨고, 화살표와 같이 바늘을 넣는다.

2 바늘에 실을 걸고, 새로운 루프를 빼내고 짧은뜨기를 뜬다.

3 완성된 상태이다.

4 간격은 자유롭게 만들어서 다음의 피코를 뜬다.

1길 긴뜨기 2코 한번에 빼뜨기

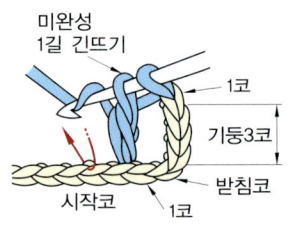 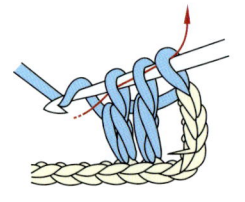 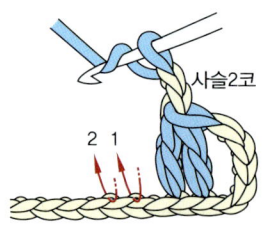 

1 먼저 미완성 1길 긴뜨기를 1개 뜨고, 다음 코에도 같은 모양을 뜬다.

2 바늘에 걸려 있는 3개 고리를 한번에 빼낸다.

3 1길 긴뜨기 2개를 한번에 빼뜨기 완성한다. 다음은 화살표의 위치에 뜬다.

4 2개째 1길 긴뜨기 2개 한번에 빼뜨기가 완성된다.

1길 긴뜨기 2코 방울뜨기 구멍에 넣어뜨기

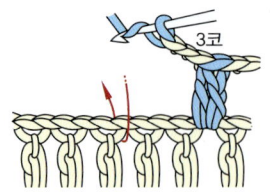 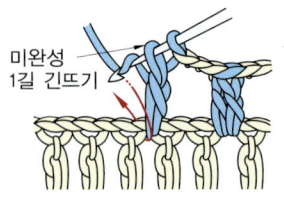 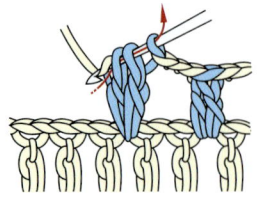 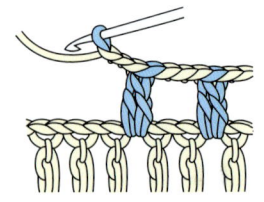

1 바늘에 실을 걸어서 전단의 화살표 위치에 바늘을 모두 집어 넣는다.

2 미완성 1길 긴뜨기를 같은 위치에 또 1코 집어 넣는다.

3 바늘에 실을 걸어서 화살표와 같이 3개 고리를 한번에 빼낸다.

4 1길 긴뜨기 2코 방울뜨기를 하고, 사슬을 3코 뜬다.

⚭ 1길 긴뜨기 한번에 빼뜨기

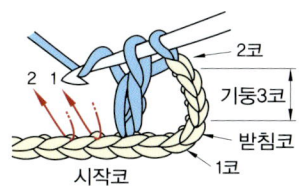 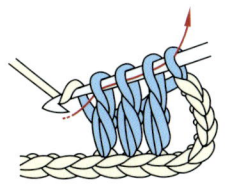  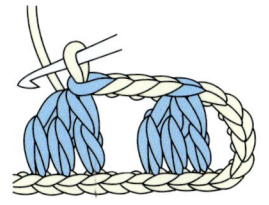

1 미완성 1길 긴뜨기를 1코 뜨고, 계속해서 화살표와 같이 2코 더 뜬다.

2 바늘에 실을 걸어서 화살표와 같이 바늘에 걸린 4개 고리를 한번에 빼뜬다.

3 1길 긴뜨기 3코 한번에 빼뜨기가 완성되었다. 다음은 화살표의 3코에 떠 넣는다.

4 2개가 완성되었다. 다음의 코를 뜨게 되면 처음 부분이 안정된다.

⬧ 1길 긴뜨기 3코 방울뜨기

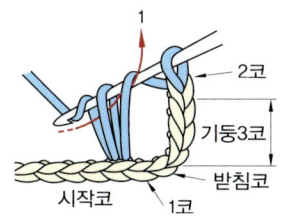 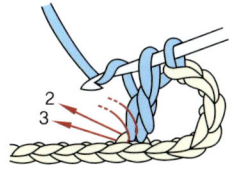 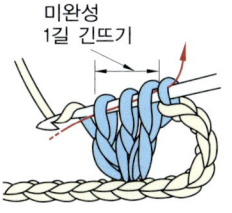 

1 기둥은 사슬3코이다. 먼저 미완성 1길 긴뜨기를 1코 뜬다.

2 같은 코에 바늘을 넣어서 미완성 1길 긴뜨기를 뒤쪽에 2코 뜬다.

3 바늘에 실을 걸어 화살표와 같이 고리 4개를 한번에 빼낸다.

4 1~3을 되풀이해서 1길 긴뜨기 3코 방울뜨기 2개가 완성되었다.

⚭ 1길 긴뜨기 3코 방울을 구멍에 넣어뜨기

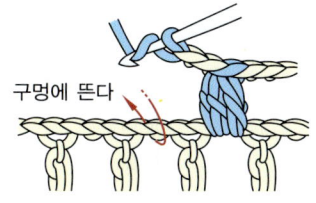 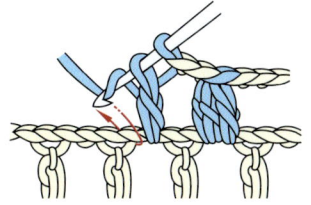 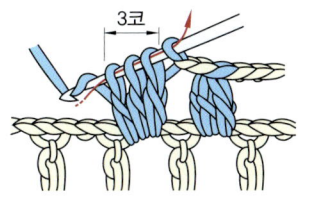 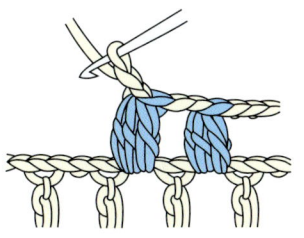

1 바늘에 실을 걸어 화살표와 같이 바늘을 넣어서 전단 구멍에 뜬다.

2 실을 빼서 고리 2개를 빼내고, 미완성 1길 긴뜨기를 1코 뜬다.

3 같은 위치에 또 2코 떠서 4개 고리를 한번에 빼낸다.

4 완성되었다. 다음 코를 뜨면 처음 부분이 안정된다.

1길 긴뜨기 5코 방울뜨기

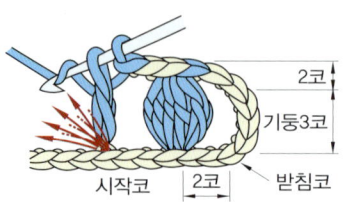 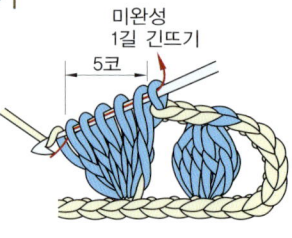  

1 바늘에 실을 걸어서 화살표가 표시된 코에 미완성 1길 긴뜨기를 1코 뜬다.

2 같은 코에 4번 더 바늘을 넣어서 미완성 1길 긴뜨기를 4코 떠 넣는다.

3 바늘에 걸려 있는 6개의 고리를 한번에 빼낸다.

4 1길 긴뜨기 5코 방울뜨기를 2개 뜨고, 사슬뜨기 3코를 뜬 것이다.

1길 긴뜨기 5코 방울뜨기를 구멍에 넣어서 뜨기

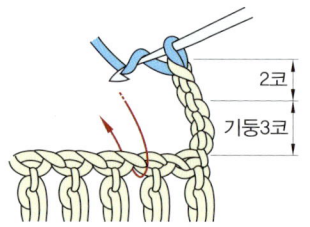 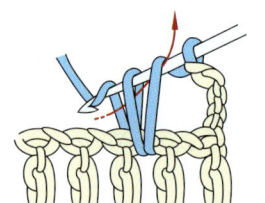 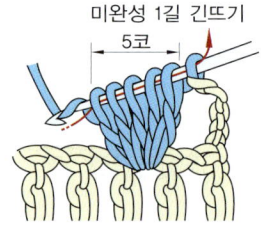 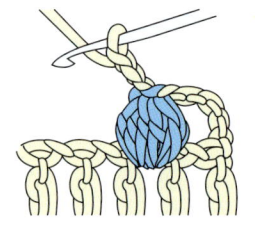

1 화살표 위치에 바늘을 넣어서 실을 꺼낸다.

2 실을 걸어서 2개 고리만을 빼내어 미완성 1길 긴뜨기를 뜬다.

3 같은 위치에 바늘을 넣어서 미완성 1길 긴뜨기를 4코 더 뜬다.

4 6개 고리를 한번에 빼내서 방울뜨기를 완성한다.

1길 긴뜨기 5코 팝콘뜨기

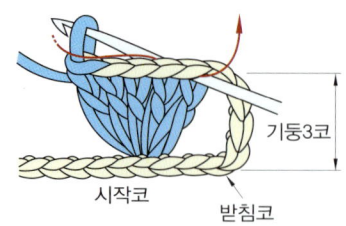 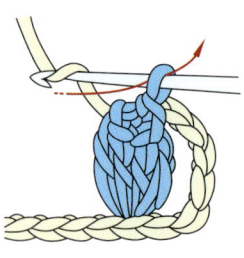 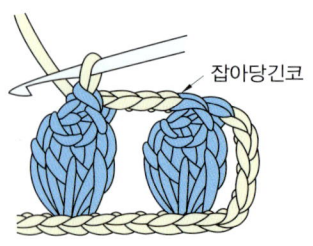

1 같은 코에 1길 긴뜨기를 5코 뜨고, 일단 바늘을 바꾸어 집어 넣는다.

2 첫째 코의 앞부분으로 빼내어 다시 사슬뜨기를 해서 집어 당긴다.

3 1길 긴뜨기 5코의 팝콘뜨기가 완성되었다.

🕸 1길 긴뜨기 5코 팝콘뜨기를 구멍에 넣어서 뜨기

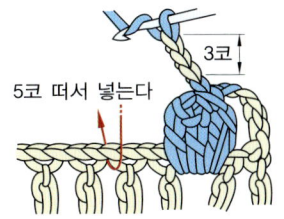 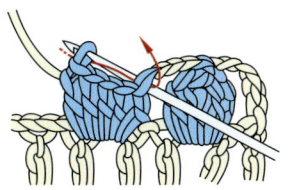 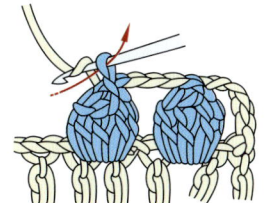 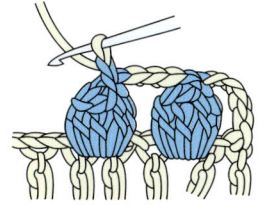

1 바늘에 실을 걸어서 화살표의 위치에 바늘을 넣어 전단 구멍에 넣어서 뜬다.

2 1길 긴뜨기 5코 뜨기를 하고, 일단 바늘을 바꾸어 집어 넣는다.

3 고리를 첫 번째 코의 일부분에 빼내고, 다시 사슬뜨기 1코를 잡아당긴다.

4 구멍에 넣어 뜨는 팝콘뜨기가 2개 완성되었다.

🕸 1길 긴뜨기 5코 한번에 뜨기

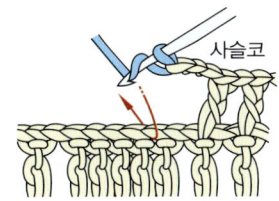 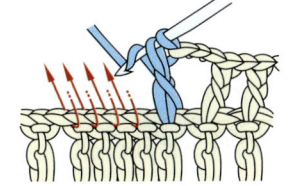 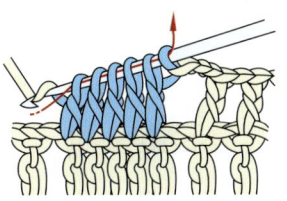 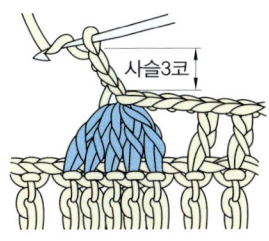

1 화살표에 바늘을 넣어서 실을 빼고, 고리 2개만을 빼낸다.

2 화살표 위치에 바늘을 넣어서 1과 같은 모양으로 미완성 1길 긴뜨기를 4코 더 뜬다.

3 실을 걸어서 바늘에 걸려 있는 6개 고리를 한번에 빼낸다.

4 1길 긴뜨기 5코 한번에 뜨고, 사슬뜨기 3코를 뜬 것이다.

V 1길 긴뜨기 2코 떠넣기

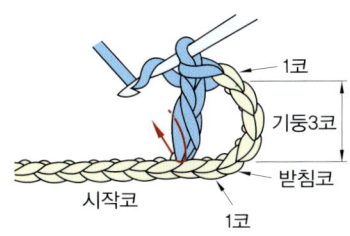 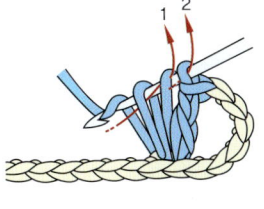 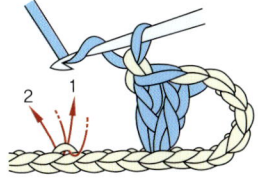 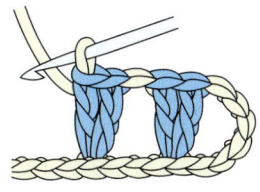

1 먼저 1길 긴뜨기를 1코 뜨고, 같은 코에 화살표와 같이 바늘을 넣는다.

2 고리에 빼내는데 2개씩 빼내어 1길 긴뜨기를 뜬다.

3 1코에 1길 긴뜨기를 2코 떠 넣은 상태에서 1개가 완성되었다.

4 사슬 1코의 간격을 두고 2개째 뜬 것이다.

﹀ 1길 긴뜨기 2코를 구멍에 떠넣기

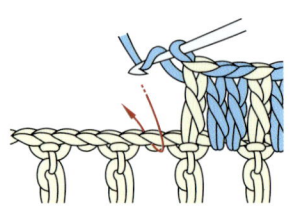 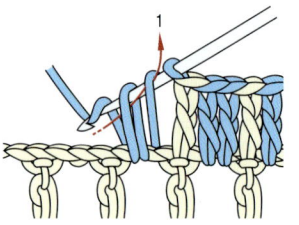 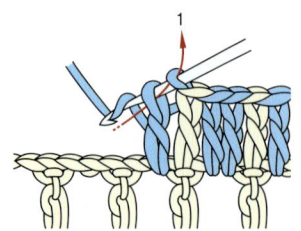 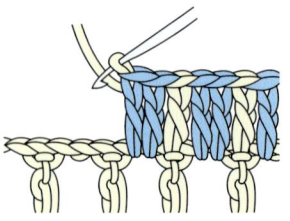

1 바늘에 실을 걸어서 전단의 화살표 위치에 바늘을 넣는다.

2 실을 걸어서 빼내고, 화살표와 같이 고리 2개만을 빼낸다.

3 다시 남은 2개 고리도 빼내서 1길 긴뜨기를 1코 뜬다.

4 같은 위치에 또 1코 떠넣고, 구멍에 뜬 1길 긴뜨기 2코가 완성되었다.

﹀ 1길 긴뜨기 3코 떠넣기

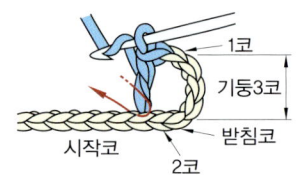 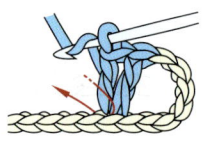 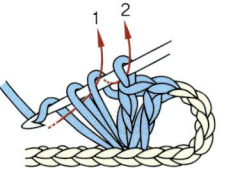 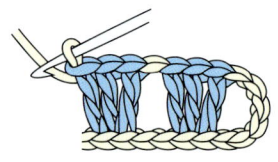

1 1길 긴뜨기를 1코 떠서 같은 코에 바늘을 넣어 다시 1코 뜬다.

2 바늘에 실을 걸어서 한번 더 같은 위치에 바늘을 넣는다.

3 고리를 빼내서 1길 긴뜨기를 뜨고, 1코에 3코 떠 넣어 완성한다.

4 사슬 1코의 간격을 두고 2개가 완성되었다.

﹀ 1길 긴뜨기 3코를 구멍에 떠넣기

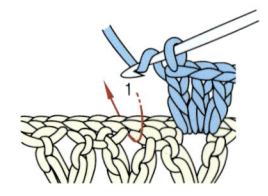 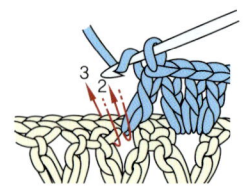 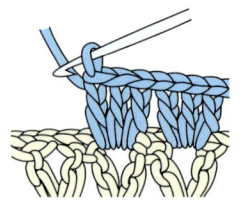

1 바늘에 실을 걸어서 전단을 화살표와 같이 구멍에 넣어 뜬다.

2 1길 긴뜨기를 1코 뜨고, 같은 위치에 바늘을 넣어 2코 더 뜬다.

3 구멍에 떠 넣은 1길 긴뜨기 3코가 완성되었다.

부록 ❸
손뜨개 기초 상식

게이지

니트에서 gauge는 '표준 치수'를 의미한다.
가로와 세로 10cm의 코와 단을 세고, 계산은 1cm당 환산한다.

① 메리야스뜨기의 게이지 재는 법

$10cm^2$보다 큰 $15cm^2$를 뜨고 스팀다리미로 바탕을 정리하여 세탁 후 완전 건조시켜 콧수와 단수를 센다(무늬뜨기도 동일하다).
가로 10cm가 25코, 세로 10cm가 33단이면 1cm당 가로 2.5코, 세로 3.3단이 된다.

② 코와 단을 구별하기 어려운 무늬뜨기의 게이지 재는 법

1무늬가 몇 cm인지 재어서 10cm의 게이지로 환산한다.
  가로 : 1무늬 10코에 4cm이면 10코÷4=2.5코가 1cm
그러므로 10cm는 25코가 된다.
  세로 : 1무늬 15단이 4.5cm이면 15단÷4.5=3.3단이 1cm
그러므로 10cm는 33단이 된다.

1cm당 환산하면 전체 계산이 쉬워진다.

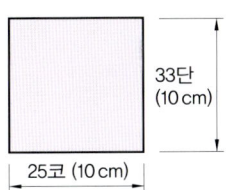

다림질

뒤판, 앞판, 소매까지 다 뜨면 뒤집어 스팀다리미로 다려서 우글쭈글한 모양을 바로 잡아 준다.
맨 처음의 게이지는 다림질을 하고 세탁을 하여 건조시킨 후 재야만 정확한 치수를 계산할 수 있다.
세탁이 번거로우면 다림질만이라도 꼭 한다.
각 조각을 연결한 후에도 솔기를 다려 주어 이음새가 반듯하게 되도록 한다.

무늬의 배열

● 주의점

A, B, C의 게이지 콧수의 차는 큰 관계가 없으나 게이지 단수는 비슷한 것을 골라야 한다.
A의 게이지 단수는 30단인데 B의 단수는 26단 정도 밖에 안되는 무늬는 옷이 불균형해질 수 있다.

옷을 뜰 때는 뒤판을 먼저 뜬다.
뒤판이 기준이 되기 때문이다.
무늬를 배열할 때는 중심에서 좌우 대칭으로 한다.
예를 들어 A, B, C 무늬가 있다면 C-B-A-B-C 배열이 된다.
대칭 배열이 아닌 언밸런스라면 앞판도 같은 배열로 통일감을 준다.

 ## 대바늘뜨기 구멍무늬의 줄임과 늘림

구멍무늬는 반드시 줄임과 늘림이 동시에 존재한다. 그렇지 않고서는 무늬 형태가 이루어지지 않는다.
"○"는 구멍내기이면서 늘림 기호이기도 하다. "⼊"와 "人"과 "⼊"은 줄임 기호이다. 무늬를 잘 보면 한 무늬 안에 둘은 꼭 함께 있다.
그러므로 진동을 줄이거나 할 때 무늬가 없어지면서 온전한 무늬가 만들어지지 않을 때는 메리야스뜨기만 한다.
줄임 기호를 썼는데 구멍내기무늬를 할 수 없는 경우에는 코가 계속 줄게 되고, 반대로 구멍내기는 할 수 있는데 줄임 기호를 쓸 코가 없다면 코는 계속 늘게 된다. 그 둘을 한 무늬에서 함께 사용할 수 없는 경우에는 아예 무늬뜨기를 하지 말라는 의미이다.

 ## 코바늘뜨기의 줄임과 늘림

코바늘뜨기는 줄임과 늘림이 간단해서 대바늘뜨기보다 쉽다.
사슬뜨기라면 1코 덜 뜨면 줄고, 1코 더 뜨면 늘게 된다.
다른 기호는 1코를 건너 뜨거나 2코를 미완성 코로 하여 1코로 만들면 줄게 되고, 1코에 2코를 뜨면 1코가 늘어난다.
진동이나 목선 줄임은 코의 각도를 기울어지도록 2코 이상씩 줄여 둥근 모양이 나오도록 한다.

 ## 실 고르기

모자나 목도리는 직접 피부에 닿기 때문에 실을 고를 때 신중해야 한다.
스웨터 같은 겉옷은 약간 거칠어도 크게 상관없으나, 털 알레르기가 있는 사람이나 어린 아이들에게는 가려울 수가 있다.
겉옷용이라 해도 실을 구입할 때는 목에 비벼보고 구입한다.
얼굴보다는 목이 예민하므로 조금이라도 따가운 것은 좋지 않다.
같은 순모라 해도 품질은 다양하다.
성인용 옷을 뜰 실로 돌도 안 지난 아기의 옷을 뜨는 건 적절치 않다. 부드러운 혼방을 쓰거나 좀 비싸더라도 유아용 실을 쓴다.

목도리나 모자는 순모보다는 털이 적고 부드러운 혼방이 좋다.
정장 분위기를 내려면 가는 실로 섬세하게 뜨는 것이 좋고, 캐주얼한 분위기에는 약간 도톰한 실로 성글게 뜨는 것이 멋스럽다.
목도리는 옷을 뜰 때처럼 꼼꼼하게 뜨게 되면 딱딱한 느낌이 나면서 착용감이 줄어든다.
옷을 뜰 때의 바늘보다 한 두 사이즈 이상 굵은 바늘로 뜬다.

가벼운 실은 무조건 좋고 무거운 실은 나쁠까? 꼭 그렇진 않다.
너무 가벼우면 몸에서 옷이 들뜨게 되어 착용감이 덜하다. 적당한 중량감이 있어야 몸에 착 붙는 느낌과 함께 무늬나 스타일이 선명해 보인다.
실을 고를 때는 누가 입을 것인가, 맨살에 직접 닿는가, 무엇을 뜰 것인가를 먼저 생각해야 한다.

부록 ❹
여성 표준 치수 재는 법

구 분	치수(cm)	재 는 법
상 동	85	겨드랑이 바로 밑둘레
유상동	88	유두를 지나는 가슴둘레
중 동	66	허리둘레
중하동	85	중동과 하동의 중간
하 동	92	엉덩이가 가장 돌출된 부분의 둘레
등길이	39	목 첫 척추뼈부터 허리까지
어깨넓이	38	양 어깨 끝
뒤 품	36	뒤 양 겨드랑이 사이
앞 품	34	앞 양 겨드랑이 사이
유 장	24	목과 어깨의 경계선부터 유두점까지
유 폭	16	양 유두점의 넓이
앞 길이	41.5	유장을 잴 위치 그대로 허리선까지
암 홀	44	어깨와 겨드랑이를 통과한 둘레
소매 길이	56	팔을 약간 구부린 상태로 어깨부터 손목까지
스커트 길이	60	뒤 허리부터 원하는 만큼
밑윗 길이	24	의자에 앉은 상태로 옆 허리부터 의자 바닥까지
바지 길이	96	옆 허리부터 발목까지 원하는 대로
바짓부리	25	바지 밑넓이
상의 길이	65	뒤 목뼈에서 엉덩이까지
원피스 길이	100	뒤 목뼈에서 원하는 만큼
코트 길이	100	뒤 목뼈에서 원하는 만큼
하동 길이	18	옆 허리에서 하동까지
윗소매통	30	윗소매 넓이
소맷부리	23	밑소매 넓이
머리둘레	55	이마에서 수평으로 한 바퀴

부록 ❺
기성복 사이즈

🟡 여성복 상의

(가슴-힙-키) 신체 치수(cm)

S	M	L	XL	XXL
43, 44	54, 55	65, 66	77	88
82-90-155	85-92-155	88-94-160	91-96-165	94-98-170

🟡 여성복 하의

(허리-힙)

S	M	L	XL	XXL
43, 44	54, 55	65, 66	77	88
64-90	67-92	70-94	73-96	76-98

🟡 남성복 상의

(가슴-힙-키)

S	M	L	XL	XXL
90	95	100	105	110
91-79-165	94-82-170	100-88-175	106-94-180	112-100-195

🟡 남성복 하의

(허리-힙)

78cm	80cm	82cm	84cm	86cm	88cm
30 inch	31 inch	32 inch	33 inch	34 inch	35 inch
78-94	80-97	82-100	84-103	86-106	88-109
90cm	92cm	94cm	96cm	98cm	100cm
36 inch	37 inch	38 inch	39 inch	40 inch	41 inch
90-112	92-115	94-118	96-121	98-124	100-127

※ 1inch=2.54cm

스타일리시 손뜨개

2005년 1월 15일 1판1쇄
2009년 1월 25일 1판5쇄

저자 : 서경숙
펴낸이 : 남상호

펴낸곳 : 도서출판 **예신**
140-896 서울시 용산구 효창동 5-104
대표전화 : 704-4233, 팩스 : 715-3536
등록번호 : 제03-01365호(2002. 4. 18)

값 16,000원

http://www.yesin.co.kr
ISBN : 978-89-5649-025-0

* 이 책에 실린 글이나 사진은 문서에 의한 출판사의
동의 없이 무단 전재·복제를 금합니다.